JN059458

# 暴力団捜査 極秘ファイル

## 初めて明かされる工藤會捜査の内幕

北九州地区暴力団
犯罪捜査課初代課長
藪正孝

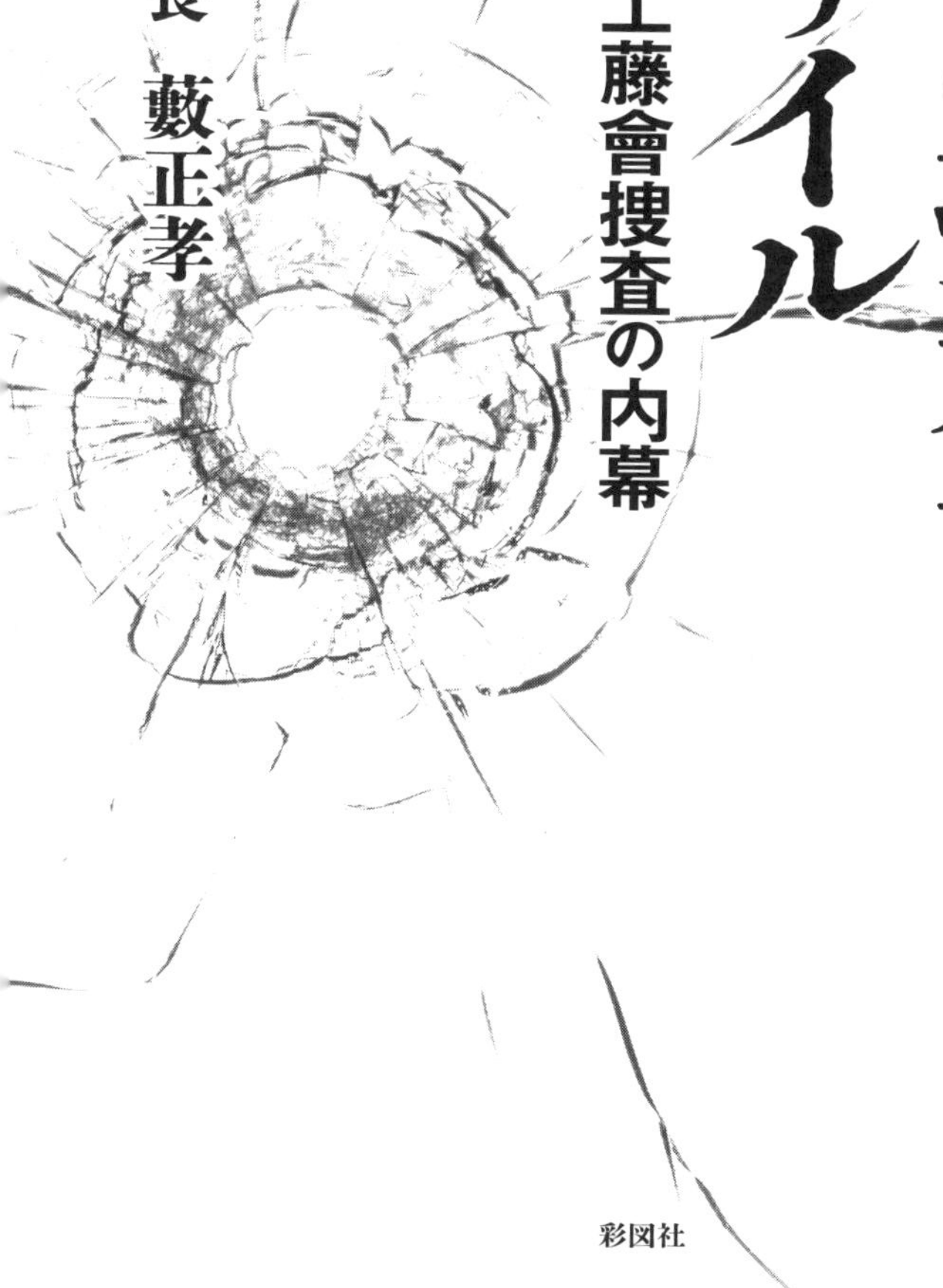

彩図社

# はじめに

令和三年八月二十四日、全国唯一の特定危険指定暴力団・五代目工藤會の野村悟《のむらさとる》総裁に対し、福岡地裁は死刑の判決を下した。同時に、田上不美夫《たのうえふみお》会長に対しては無期懲役を宣告した。

二人が有罪判決を受けたのは、四つの襲撃事件だ。うち二件は、私が福岡県警で工藤會対策を担当していた時に発生し、その捜査も担当した。だが、在任中、検挙することはできなかった。死刑判決を決定づけた元漁協組合長殺人事件については、補充捜査に関わった。私が着任する前年に、実行犯ら三名が検挙、起訴され公判中だった。

これまで、工藤會を中心とした暴力団問題に関連し二冊の本を上梓したが、これら四事件に関しては簡単に触れただけだった。

捜査上の秘密の問題もあった。何よりも工藤會による多数の市民襲撃事件を防ぐことができず、また、工藤會対策を担当していた当時、その多くを検挙できなかったことが大きな理由だ。

令和五年一月二十六日、工藤會・菊地敬吾《きくちけいご》理事長に対し、福岡地裁は無期懲役の判決を下した。これにより、工藤會トップの野村総裁、ナンバー2の田上会長、そしてナンバー3の菊地理事長に対する第一審の判決が出そろった。

現在、全国で二十五の暴力団が指定暴力団として指定されている。だが、トップ3が同時期に検挙され、しかも無期懲役以上の判決を下された暴力団は工藤會以外存在しない。工藤會は間違いなく弱体化している。また、全国の暴力団も確実にその勢力を減らしている。

では、遠からず暴力団は壊滅するだろうか。

暴力団は馬鹿ではない。工藤會がどうなったか、しっかりと学習している。

それは、事業者襲撃等事件、すなわち暴力団の意に沿わない事業者やその従業員等が襲撃される事件が激減したことからも明らかだ。

我が国の暴力団は更に勢力を減らしていくだろう。だが、しぶとく生き続けるだろう。

それは、いまだ暴力団を社会の必要悪視する人たちがいる一方、暴力団を取り締まる側の武器が世界標準に達していないからだ。一連の襲撃事件等の判決を見ても明らかなように、組織犯罪対策で最も重要なのは人的証拠、すなわち事件関係者からいかに真実を聞き出すかにかかっている。基礎的捜査が徹底され、かつ必要な人的証拠を得られた四事件では、工藤會トップの刑事責任が追及された。だが、人的証拠が不十分な事件では、下位の幹部までで止まっている。

私が詳細に触れることを躊躇した野村総裁らの第一審判決の四事件を始め、一連の工藤會事件の判決のほとんどは、その要旨が最高裁のホームページで公開されている。もはや秘密にする必要はない。そして要旨といっても、野村総裁らの判決文は百四十ページに及ぶ詳細なものとなっている。

ただ、被告人を始め関係者氏名・地名等は、いずれもAとかBとか仮名が使用されている。例えば、野村総裁らの判決要旨では、「被告人X、被告人YがU1、U2、U3らと共謀の上、……」などと書かれている。だが、一連の裁判の取材を続けた報道機関はもちろんのこと、裁判を傍聴した者なら、誰が誰だか明白だ。

それは、工藤會対策に関わってきた私も同様だ。もちろん被告人Xは野村総裁、被告人Yは田上会長、U1は工藤會中村組々長・中村数年《なかむらかずとし》、U2は古口組々長・古口信一のことだ。

そしてU3は、判決では容疑性が否定された工藤會田中組幹部・西田某だ。

公開された判決要旨を見れば、工藤會による卑劣な暴力により被害を受けた多くの人たちが、工藤會の恐怖に直面しながら必死に戦ってきたことが明らかだ。そこには警察への不信もあったかもしれない。被害者やその御家族ら関係者の皆さんが、工藤會にそのまま屈服していれば、これらの事件は決して起こりえなかった。そして、工藤會が特定危険指定暴力団に指定されることも、暴力団排除条例が全国で制定されることもなかっただろう。

福岡県の暴力団対策を失敗と捉える人もいる。また、野村総裁、田上会長らを検挙し、一審で有罪を獲得した一連の「工藤會頂上作戦」を大戦果、大成功と受け止める人もいる。

工藤會頂上作戦は、私が工藤會対策担当を外れた翌年、平成二十六年に開始された。間違いなく、当時の福岡県警本部長をはじめとする捜査幹部、捜査員、そして検察の皆さんの力によるものだ。

ただそれまでも、決して現場はいい加減なことをしていた訳ではない。

それ以前の福岡県の暴力団対策についても、単なる失敗とは思っていない。工藤會ほど追い詰められた暴力団は、かつてなかった。「窮鼠猫《きゅうそ》を噛む」ということわざがある。そして暴力団は、鼠どころか狼の集団だ。県警の取締り、福岡県、北九州市など行政の協力、更には多くの市民が工藤會にノーを突きつけた。そして、工藤會の卑劣な暴力に晒され続けても、それは揺るぎなかった。

野村総裁らの一審判決では、「推認」という言葉が注目された。

報道によると、野村総裁は「公正な判断をお願いしたんだけど、全部推認、推認。こんな裁判あるんか。あんた、生涯、この事後悔するよ」と裁判長の足立勉裁判官に向かって強い口調で発言したという。

また、「物証がない中、暴力団だから、間接証拠による推認で死刑判決が下された」と批判する暴力団問題の専門家もいた。

今回の足立裁判長らの一審判決は、決していい加減なものではない。むしろ、既に最高裁で確定している元漁協組合長殺人事件実行犯らの判決よりも、より慎重、厳しい判決だと言って良いと思う。

刑事裁判における事実認定に対する誤解が、そこにはあるように感じる。「推認」は「多分そうだろう」といったいい加減な判断ではない。裁判、特に刑事裁判においては、合理的な疑いを生ずる余地のない程度の立証が必要とされている。それは暴力団だろうがなかろうが同じことだ。

今回、野村総裁ら工藤會トップ3の検挙、一審有罪判決に繋げた工藤會頂上作戦は、間違いなく大戦果だ。その一方で、組織犯罪対策の課題はいまだ変わらず残り続けている。たとえ暴力団が壊滅したとしても、暴力的、組織的犯罪が無くなることはあり得ないのだ。福岡県警はいかにして「鉄の結束」と呼ばれる工藤會の結束を切り崩し、検挙、そして野村総裁の死刑判決まで繋げたのか。本書では、今まで明かされることのなかった捜査資料を可能な限り開示し、一連の事件に対する捜査状況やその背景を解説することに努めた。

本書が今後、暴力団をはじめとする組織犯罪対策の課題を考えるきっかけとなれば幸いである。

# 暴力団捜査 極秘ファイル ‐目次‐



## 第一章 事件の背景

## 第二章 工藤會捜査ファイル

# 第三章 「頂上」への道

# 第四章　そして死刑判決

# 第五章　残された課題

# 第一章
# 事件の背景

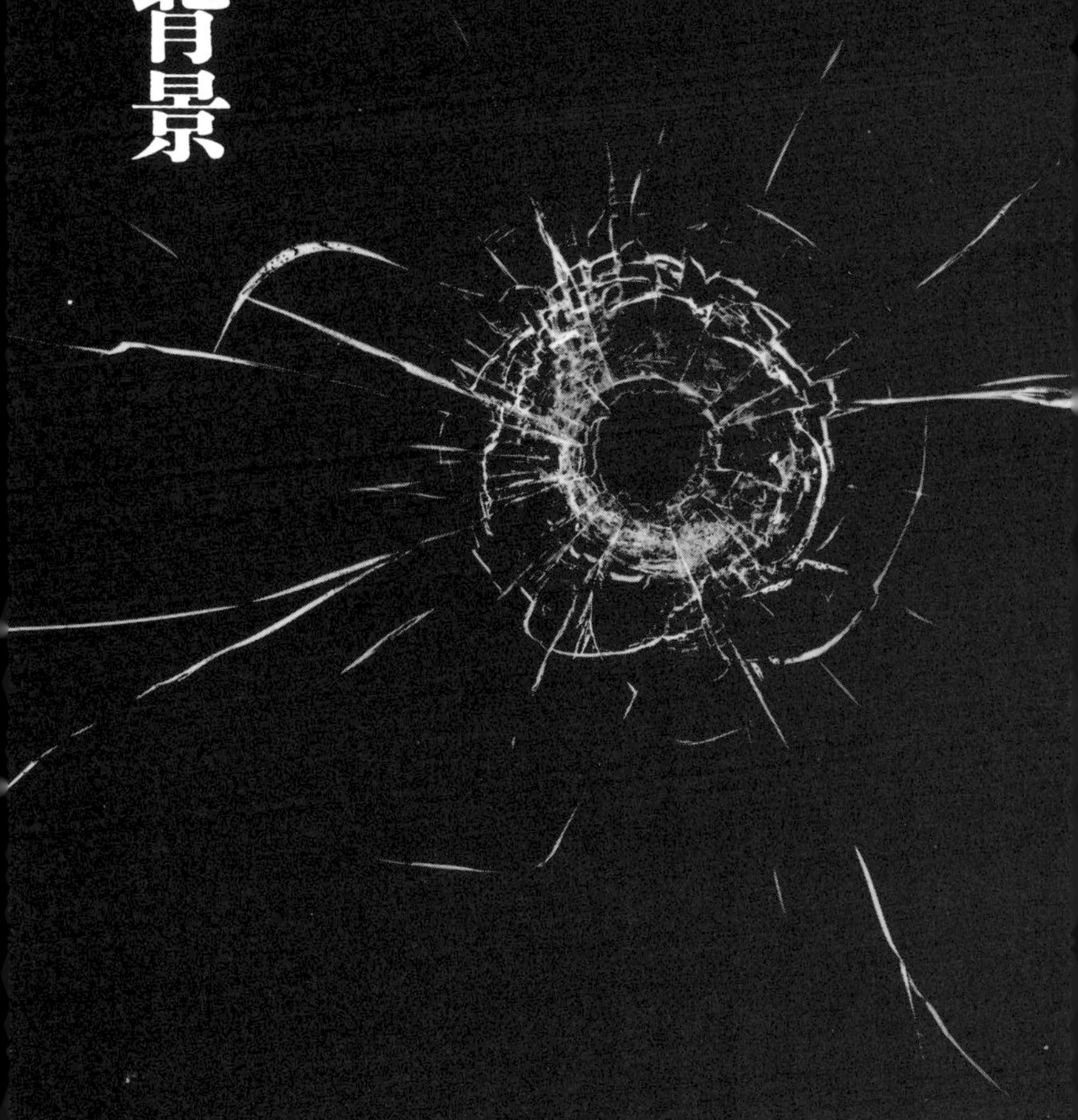

## 一　四つの事件

まず、野村総裁に死刑判決、田上会長に無期懲役の判決が下された四つの事件を見てみたい。

### ① 元漁協組合長事件

北九州市小倉北区のJR小倉駅南側には商店街、繁華街が続いている。事件は繁華街の外れ小倉北区古船場町で発生した。

平成十年（一九九八年）二月十八日午後七時三分頃、現場近くの歩道上には、平日の夜にも関わらず多くの若者たちが集まっていた。それは、地元FM放送局ライブスタジオでの公開生放送に人気バンドが出演していたからだ。

スタジオから数十メートル離れた小川沿いにキャバレーがあった。一台の乗用車がキャバレー前の道路を右折、キャバレー駐車場に入り停車した。後部座席から一人の男性が降車した。このキャバレーの常連客、元漁協組合長の梶原國弘《かじわらくにひろ》氏（当時七〇歳）だ。と同時にキャ

左から野村悟総裁と、田上不美夫会長

バレー付近の道路脇に停車していた白い普通乗用車から、男二人が飛び出し梶原氏に駆け寄った。

二人は梶原氏に近づくと、一メートルほどの至近距離から回転式拳銃を数発発砲した。更に、背の低い男が両手で拳銃を構え、倒れた梶原氏に狙いを定めて数発を発砲した。後の鑑識活動の結果、合計五発が発射され、そのうち四発が梶原氏に命中していた。

二人は車に飛び乗ると、キャバレー横の細い路地を左折、国道三号線方向に逃走した。

梶原氏は救急車で近くの総合病院に搬送されたが、午後八時五分頃、頭部及び左胸部の射創による脳挫傷兼失血により死亡した。

## ②福岡県警元警部事件

平成二十四年（二〇一二年）四月十九日午前七時五分頃、福岡県警元警部H氏（当時六一歳）は、第二の職場である北九州市小倉北区の総合病院に出勤するため、小倉南区の自宅を徒歩で出発し、自宅近くのJRの駅に向かっていた。

H氏は、私が、工藤會担当の福岡県警北九州地区暴力団犯罪捜査課長、そして県警暴力団対策部副部長当時の元部下だった。前年三月に県警を定年退職し、総合病院に再就職していた。元部下といっても暴力団取締りの大先輩の方だ。現役当時は、工藤會の野村悟総裁と直接話ができた数少ない捜査員の一人だった。

駅近く、住宅街を通る狭い道路で事件は発生した。

H氏の前方から走ってきた原付バイクが、H氏の左斜め前で停車した。運転していたのは黒っぽい作業服上下、黒色フルフェイスヘルメットの男だった。男は体を左側にひねり、H氏に向け二発を発砲した。男とH氏の間は、約一メートル数十センチしか離れていなかった。

使用されたのはイタリア製タンホグリオ二十五口径だった。

弾はH氏の左腰部及び左大腿部に命中し、重傷を負わせた。男は、原付バイクを数メートトル進めると地面に向け、更に一発発射し逃走した。

数十分後、出勤準備中の私の携帯が鳴った。H氏からだった。既に退職したH氏が朝早くから電話してくる理由は思いつかなかった。掛け間違いではないかと思いながら、私は電話に出た。

「副部長やられました」

H氏の緊張した声が聞こえた。

「えっ？　どうしたんですか？」

「撃たれました……」

緊急搬送中の救急車内からの電話だった。工藤會取締りの責任者である私に、一刻も早く知らせねばと考えられたのだろう。

工藤會による犯行、そして福岡県警に対する挑戦、それ以外は考えられなかった。

前年三月、H氏が退職した頃、工藤會田中組々員数名が、H氏の自宅付近で警察官の職務質問を受けていた。また、この頃、H氏は自宅前を通過した車に、工藤會田中組若頭（当時）・菊地敬吾が乗っているのを目撃していた。

このため、県警ではH氏を保護対象者に指定し警戒していた。だが、事件を防ぐことはできなかった。

使用されたのはイタリア製二十五口径自動式拳銃だった。令和四年、工藤會石田組幹部が検挙、起訴された「餃子の王将社長射殺事件」で使われたのと同種拳銃と思われる。比較的小口径だが、弾はH氏の左腰、左大腿部に命中し、約一か月の入院加療を要する重傷を負わせた。動脈等を傷付ければ死亡に至る可能性も強かった。

菊地敬吾

### ③ 女性看護師事件

平成二十五年一月二十八日午後七時四分頃、福岡市博多区のマンション前歩道上で事件は発生した。帰宅中の同マンション居住の女性看護師（当時四五歳）が、後ろから走ってきた男に襲われた。

男は、左手で被害者の前頭部の髪の毛を掴み、右手に持った刃物で被害者の左耳上を突き刺した。男は刃物を切り下ろそうとしたようだが、驚いた被害者が頭を下げたため、被害者の左眉毛上部方向を切り裂いた。逃れようとする被害者と男はもみ合いとなったが、男は、更に被害者の右前腕部、左腰を突き刺し逃走した。

看護師である被害者は、斬りつけられた左側頭部を自分の手で止血し、駆け付けた救急車により、十二分後の午後七時十六分、病院に搬送された。

だが、大量出血により、出血性ショックに陥っており、病院搬送が遅れていれば間違いなく死亡する状況だった。

当時、福岡県警では、暴力団捜査では初、私自身では最初で最後となる通信傍受を行っていた。元警部襲撃事件の捜査により、工藤會田中組幹部、組員らによる犯行容疑が明らかになりつつあった。その捜査の一環として、田中組若頭・田口義高《たぐちよしたか》と田中組筆頭若頭補佐・中西正雄の携帯電話を傍受することとしたのだ。そのため、裁判所の令状を得て、東京の携帯電話運営会社に管理官、特捜班長以下の捜査員多数を派遣していた。

元警部事件が発生した平成二十四年の八月、暴力団排除標章制度が始まった。この標章を掲示したスナック等の飲食店、パチンコ店等への暴力団員の立入りが禁止されたのだ。

だが、標章制度開始以降、特に工藤會によると思われる放火事件、標章掲示店舗経営者等に対する襲撃事件が続発した。現場はその捜査に追われ、一人でも多くの捜査員が欲しいところだった。正直、通信傍受のため、一月近く、数十人の捜査員を派遣することは大きな負担だった。だが、結果的に一連の通信傍受が、看護師襲撃事件解決に繋がっていった。

通話内容の概要について、私も口頭で報告を受けていた。そして、その通話の一部に、工藤會幹部の一人がJR小倉駅で誰かを尾行していると思われる通話があったのだ。

急いでJR小倉駅の防犯カメラ映像を捜査した結果、工藤會田中組幹部・丸本木晴《まるもときはる》が誰かを尾行していると思われる映像を発見した。だが、尾行の相手が誰かまでは確認できなかった。事件発生後、丸本が尾行していたのは、被害に遭った女性看護師だったことが判明した。

## ④ 歯科医師事件

私は、看護師事件が発生した二か月後の平成二十五年三月、異動となった。

当時、道仁会と道仁会から分裂した九州誠道会（現・浪川会）とが激しい抗争を繰り広げ、

歯科医師殺傷事件の現場

両団体とも平成二十四年十二月に特定抗争指定暴力団に指定されていた。異動先は、道仁会が本部事務所を置く久留米市を管轄する久留米警察署長だった。工藤會による多数の事件が未解決の中、副部長のままでいいと残留を強く希望していたが、希望は叶わなかった。

平成二十六年五月二十六日午前七時四十分頃、北九州市小倉北区真鶴の九州歯科大学近くの駐車場で事件は発生した。

同大学に勤務する歯科医師・梶原三郎氏（仮名・当時二九歳）が、車から降りて荷物を降ろそうとしたところ、背後から近づいた男がいきなり刃物で梶原氏の背中を刺してきた。のし掛かるようにする男を押しのけ、梶原氏が後ろを振り返ると、男は両手で刃物を突き出してきた。

梶原氏は男の手を両手で押さえたが、更に男は何度も刃物を突き出し、梶原氏の胸部、下腹部、左大腿部、背部など八か所を突き刺し走って逃げた。下腹部は長さ約五センチ、深さ約七センチ、大腿部の傷は長さ深さとも約十センチに及んだ。胸部正面と左側の傷は胸骨やろっ骨で止まったため浅かったが、わずかでもずれていれば死に至る可能性が高かった。間もなく救急隊が到着し、応急措置を行ったが、致命的な状態と認められ、ドクターカーの医師が応援に駆け付け治療を行った。

救命措置により命は助かったものの、入院約十四日、通院加療三か月の重大な傷害を負った。

被害者の歯科医師は梶原國弘氏の孫だった。

## 二　工藤會と元漁協組合長の関わり

ここまで四つの事件の概要を見てきたが、中でもすべての起点となっているのが「①元漁協組合長事件」である。まずはこの事件についての理解を深めたのち、各事件の詳細に入っていきたい。

初代工藤会長の一の子分・草野高明

### 元漁協組合長とその一族

梶原國弘氏は、北九州市若松区出身で、元々の姓は上野だったが、母の親族の養子となり梶原姓となっていた。梶原氏の息子の梶原一郎氏（仮名）、実弟・上野忠義氏など、それぞれ若松の漁協役員を務め、また港湾工事関連企業を経営していた。

このため梶原氏らは、若松区のみならず北九州市の港湾工事の利権に大きな影響力を有すると見られ、梶原氏の一族は上野・梶原一族と呼ばれていた。

令和元年十一月、工藤會の野村悟総裁が週刊実話の「独占獄中手記」に次のように書いていた。

「裁判については弁護団にすべて任せてあるので、前回に引き続き工藤會と私について書いていこうと思う。ただ、紫川《むらさきがわ》事件の起こる13年前に、当時の工藤組幹部・草野高明《くさのたかあき》親分の実弟を刺殺し、北九州で力道山の興行を打った山口組系のヤクザこそ、平成10年に射殺された元漁協組合長である。『善良なカタギを射殺した工藤會』のように報道されていることには違和感があるので、これだけは書いておきたい」（週刊実話『工藤會 野村総裁「独占獄中手記」【前編】』）

野村総裁は、梶原國弘氏は「善良なカタギ」ではない、工藤會から殺されても仕方ないと

初代田中組本部

でも言いたいのだろうか。だが、この記事は間違いだ。

　確かに梶原氏は、以前、暴力団の組長として活動していた。また、工藤會二代目の草野高明とも親しく交際していた。

　そして、梶原氏とその御親族が、工藤會との関係を続けていれば、決して命を奪われることも、梶原氏の兄弟や孫の命まで狙われることもなかった。

　昔のことなので、余り知られていないが、昭和四十年代まで、福岡県には草野組が二つあった。「実弟を刺殺」されたのは、工藤組草野組々長の草野高明ではなく、芦屋町の草野組々長・草野徳雄だ。

ちなみに田中組も福岡県内に四つあった。その一つが野村総裁が三代目を継承した工藤会田中組で、北九州市若松区には山口組傘下の田中組もあった。山口組若頭（地道組々長）・地道行雄《じみちゆきお》の舎弟・田中敏男が組長だった。

この田中組は昭和三十年代には工藤組とも抗争している。

梶原國弘氏は、昭和二十五年当時、若松市（当時。現・北九州市若松区）で単独団体の梶原組を率いていた。若松の西隣が遠賀《おんが》郡芦屋町だが、梶原組は芦屋町の草野組と対立していた。草野組々長は草野徳雄で、小倉の工藤組草野組とは全く別個の団体だ。

同年、草野組と梶原組との抗争で、草野徳雄の実弟が、梶原氏の舎弟から殺害されている。野村総裁が獄中手記で触れている草野高明の実弟ではなく、草野徳雄の実弟だ。

梶原氏は、一旦、梶原組を解散し、若松の漁協組合長に就任すると共に、土木工事に使用する砂を販売する会社を設立した。ただ、昭和三十五年には活動を再開し、山口組田中組々長・田中敏男の舎弟となった。

そして梶原氏は、昭和三十八年五月、田中敏男の口利きで、地道組長の子分となった。同じ若松の安藤組々長・安藤春男も地道の子分となった。山口組と工藤組の抗争事件「紫川事件」で草野高明らに殺されたのはこの安藤組々員だ。

梶原氏は、昭和三十八年六月、若松区で神戸地道組内梶原芸能社の看板を掲げた。

当時は、山口組のみならず、工藤組や多くの暴力団が歌手やプロレスの興行に深く関わっていた。野村総裁が独占手記に書いているように、昭和三十八年十月、梶原組のプロレス興行開催をめぐって、梶原組のみならず安藤組など山口組傘下組織と、芦屋町の草野組の抗争に発展した。

紫川事件で逮捕された草野高明

梶原組等は、草野組々長・草野徳雄を殺害しようと芦屋町へ向かった。その途中、草野組々員ら五名を見つけ同人らに拳銃を発砲し重傷を負わせた。

福岡県警は、工藤組と山口組との抗争を含め、県内暴力団への取締りを強化した。梶原氏は、昭和三十九年九月、銃刀法違反等で逮捕され、更に草野組員に対する殺人未遂等で有罪が確定し、服役、梶原組を解散した。
昭和四十八年出所した梶原氏は、地元漁協幹部、港湾資材販売会社の経営、二つの業務に専念する。

## 草野高明との関わり

令和三年八月の野村総裁・田上会長に対する福岡地裁判決（以下「野村・田上判決」）では、梶原氏に対し次のように触れている。なお、公開された判決要旨では氏名、地名等はアルファベットと数字による略称だが、以下、必要により実名、あるいは仮名に修正している。また、※マーク部分に必要な注記を加えている。

「本件の被害者である梶原國弘は、昭和五〇年代、砂利の販売等をするｋ３を経営するとともに、北九州市若松区内のｊ１漁協の組合長を務め、白島石油備蓄基地の建設に伴う漁業補償交渉を取りまとめるなどした。梶原國弘は、昭和五七年には証人威迫、横領被疑事件により逮捕され、同組合長の職等を辞任したが、その後も、j1漁協のみならず、北九州市内の全ての漁協に強い影響力を有していた。梶原國弘は、息子の梶原一郎が昭和五八年に設立した港湾土木資材販売を業とするk4株式会社（後の株式会社k4）の経営にも関与していた。梶原國弘は、昭和五〇年代には工藤連合草野一家総長（※当時は草野一家総長）であった草野高明と面識を持ち、その後、平成三年四月に当時の工藤連合総裁であった草野が死亡するに至るまで、親密な交際をしていた」（野村・田上判決）

梶原氏と草野高明が「親密な交際」を行っていたのは、梶原氏が暴力団から引退後、漁協組合長として活動していた昭和五十年代から、草野が死亡した平成三年四月までのことなのだ。

昭和五十三年（一九七八年）十月、若松沖の響灘《ひびきなだ》にある白島《しらしま》が、全国四か所の石油備蓄基地の候補地の一つに選ばれた。この白島石油備蓄基地建設の誘致活動に、梶原氏は尽力したようだ。ただ、その過程で梶原氏が他県の企業を誘致しようとしている等の噂が広がり、地元企業を応援する草野一家から嫌がらせや脅しが続いた。

意を決した梶原氏は、直接、草野高明と面会し誤解を解いた。以後、草野と竹馬の友のような仲良しになったという。

詳細は不明だが、草野への資金提供も行われたと思われる。

暴力団を取り締まる警察側から見ると、正に梶原氏は暴力団親交者だった。

昭和五十七年九月、福岡県警は、梶原氏を弟の恐喝事件に関連して被害者への偽証を迫ったとする証人威迫容疑で逮捕した。当時の報道によると、警察署に出頭した梶原氏に付き添ったのは草野高明本人だという。

この時、私は、巡査部長に昇任し、念願の刑事になったばかりだった。北九州市八幡東区・八幡西区を管轄する八幡警察署（当時）で、交番勤務、留置場勤務を経て、盗犯係刑事となっていた。

恐らく当直勤務の時だったと思う。逮捕された梶原氏は一旦、八幡署留置場に留置された。私は、新規留置人の身体検査に際し、当直員として検査に立ち会ったのだ。

梶原氏の事件は、暴力団捜査を担当する捜査第四課が捜査を担当していた。なぜ漁協組合長を捜査第四課が逮捕したのだろう、と不思議に思ったことを覚えている。

白島石油備蓄基地建設に伴う漁業補償は数十億円に上った。梶原氏は、その後、白島石油備蓄基地建設の漁業補償費分配に関する背任罪でも逮捕された。

## 工藤會との決別

平成四年（一九九二年）八月、梶原氏の御長男・梶原一郎氏が経営する港湾資材販売会社と、梶原氏の実弟・上野忠義氏が設立し、当時は御長男・上野義夫氏（仮名）が経営していた港湾土木会社が、工藤連合との親交を理由に行政機関からの指名停止処分を受けた。白島石油備蓄基地建設等の大型港湾工事に関わっていた両社に対する打撃は極めて大きなものだったと思う。

最終的に、平成七年（一九九五年）五月、梶原氏の有罪が確定し、氏は服役した。

同年七月、梶原一郎氏の会社に対する指名停止処分が解除され、翌平成八年には上野氏の港湾土木会社に対する指名停止処分も解除された。

平成九年五月、梶原氏は出所した。この時点で、梶原氏と上野忠義氏らは、工藤會との完全決別を決意していたと思われる。

野村・田上判決で明らかなように、平成三年四月以降、当時、工藤連合若頭で田中組々長だった野村総裁、そして田中組若頭だった田上会長の二人は、自ら梶原國弘氏、そして息子の一郎氏、実弟の上野忠義氏と交際を深めようとしていた。

ただ、平成十年当時の段階で福岡県警は、野村総裁、田上会長が直接、梶原氏らと関わっていたことを聞き出すことはできなかった。

あくまでも推測だが、指名停止がようやく解除されたばかりの段階で、事件前とはいえ工藤連合の主要幹部らと交際していたことは非常に言いづらかったのではないだろうか。

これも、事件捜査を含めた暴力団対策の大きな課題の一つだ。

梶原國弘氏殺害後も、梶原一郎氏や上野忠義氏は工藤會との決別を貫いた。だが、工藤會、何よりも野村総裁は決してそれを認めようとはしなかった。

# 第二章
# 工藤會捜査ファイル

# 一　第一次捜査

## 基本通りの捜査

暴力団事件の捜査では、暴力団側からの情報収集が重視され、現場鑑識活動や現場付近聞き込み捜査等の基本的捜査が疎かにされていた、といった批判的意見がある。

過去、確かにそのようなことも見受けられた。野村総裁らの裁判でも触れられているように、捜査中の暴力団員を出頭させるよう工藤會側に求めるということもあった。

だが、そのようなやり方は捜査ではない。取り締まる側の警察と暴力団は本来、水と油の関係だ。特に、暴力団側に何かを求めるということは、借りを作るのと同じだ。借りは何かの形で返さなければならない。

相手があることだから時に駆け引きはあったが、私は工藤會との間で貸し借りを作るような取引は一切行わなかった。

東京などでは暴力団担当部門を「マル暴」などと呼ぶこともあるようだが、福岡県警では「暴力犯」と呼んでいる。殺人や強盗などを担当するのは「強行犯」、詐欺・横領や汚職事件などを担当するのが「知能犯」、そして窃盗事件担当を「盗犯」と呼んでいる。更に省略して「暴力」、「強行」、「知能」と呼ぶこともある。

私は刑事を希望して警察官を拝命したが、警部補になるまで暴力犯を希望したことは一度もなかった。盗犯、知能犯、機動捜査を経験した後、警部補時代の最後に暴力団対策を担当する県警本部捜査第四課に異動となった。以後、暴力団対策に長く関わることとなった。

三代目田中組々長時代の野村悟

捜査第四課で警部に昇任し、刑事課長を二か所務めたが、二か所目の直方《のおがた》警察署刑事課長時代に、初めて工藤會事件捜査を担当した。

それは当時、工藤連合ナンバー2の若頭兼三代目田中組々長だった野村総裁と田中組若頭だった田上会長が深く関係する事件だった。平成六年七月、直方市内で暴力団元組長・桃田静夫氏が工藤連合草野一家幹部らから射殺された。

桃田元組長は、九年前の昭和六十年、三代目田中組長の座を野村総裁と争っていた。結果的に野村総裁が勝利し、桃田元組長は工藤會から「絶縁」つまり永久追放処分を受けていた。

この事件捜査に加わったのが、捜査第四課時代に一緒に警部試験に合格し、捜査第四課特捜班長となっていた藤崎寛人班長だった。

藤崎班長の的確な指揮の下、現場付近聞き込み捜査や関係者からの情報収集など基本通りの捜査の結果、当時、田上会長が組長を務めていた三代目田中組田上組幹部ら二名を検挙、有罪を獲得することができた。

事件の背景に田上会長や野村総裁がいることは明確だったが、当時はその立証には至らなかった。ただ、暴力団側からの情報収集に加え、強行犯事件や盗犯事件で通常行っているような基本通りの捜査の重要性は痛感した。

警視昇任以降、強く希望して工藤會対策を担当するようになった。事件捜査では現場鑑識活動や現場付近聞込み等の基本的捜査を徹底してきた。

また、時に工藤會側との駆け引きはあったが、捜査中の暴力団員の出頭を求めるなどの「取引」は一切行わなかった。

　そして、梶原事件発生当初の捜査も、正に基本通りの捜査が行われていた。

## 手がかりになった〝車のナンバー〟

　私が工藤會取締りを直接担当するようになったのは平成十五年（二〇〇三年）三月からだ。元漁協組合長事件については、その前年平成十四年に実行犯らを逮捕している。

　まず、同年六月二十六日、実行犯として工藤會中村組々長・中村数年、同會田上組幹部・西田顕（仮名）の二人を逮捕した。そして同月二十八日、指示者として田中組若頭兼田上組々長だった田上会長を、犯行使用車両の準備と犯行見届役として古口組々長・古口信一を逮捕している（以下「第一次捜査」）。

　今回の野村総裁、田上会長が一審で有罪を宣告された捜査（以下「第二次捜査」）と第一次捜査の決定的な違いはどこにあるのか。第一次捜査では、田上会長は起訴されることなく処分保留に終わっている。また、野村総裁には捜査の手が及ばなかった。

決定的違いは、被害者そしてその御家族、親族と野村総裁、田上会長との関わりが、第二次捜査でより明らかにされたことだ。また、そこには歯科医師事件など元漁協組合長事件以降に繰り返された事件が大きな影響を与えている。

第一次捜査段階でも、梶原氏の御長男・一郎氏は捜査に協力いただいている。だが、百パーセントではなかった。そして、それを非難することはできない。

平成一〇年二月十八日、梶原國弘氏殺害事件の発生を受け、福岡県警は、所轄の小倉北警察署に「小倉北区古船場町におけるけん銃使用の殺人事件捜査本部」を設置し徹底的捜査を開始した。

現場付近の聞き込み捜査等の基本的初動捜査も十分実施している。

現場鑑識や聞込み捜査はやり直しがきかない。そして、これらは事件関係者の供述を裏付け、証明力を補強する上でも重要なことだ。

福岡県警は、梶原氏に同行していた知人をはじめ、その後、目撃者三〇名以上を確保し、事情聴取を行っている。その結果、犯人については、二人とも黒っぽい服装上下で、一人は身長一七〇センチ以上、もう一人は一六〇センチくらいだったが、二人とも白っぽいマスクをしていたことから人相は不明だった。

目撃者のほとんどは車のナンバーまでは覚えていなかった。だが中には、大分ナンバーの「２２９７」と覚えている者もいた。大分ナンバーは北九州市内ではまず見かけない。塗色の白は多くの目撃者が記憶していたが、車種については日産サニー、トヨタカローラからトヨタのクラウン、セルシオまであった。

二月二十七日、放置車両の通報があった。事件現場から約一キロ離れた小倉北区の狭い道路上に普通車が放置されていた。「大分５８　２２９７」の日産サニー、白色だった。犯行に使用されたのは、正にこのサニーだった。初動の目撃者捜査がいい加減だったら、この段階で古口信一の線は繋がらなかっただろう。

なお、直近で事件を目撃した目撃者の一人は女性だが、今回の野村総裁、田上会長の公判でも証人として証言していただいている。

また、現場近くの飲食店従業員らが、犯行前日の二月十七日の夜、不審な男二人を目撃していた。一人は紺色作業服上下、黒色フルフェイスヘルメットをかぶっていた。もう一人は野球帽をかぶりジャンパー姿で、事件が発生したクラブ前を何度も行き来したという。梶原氏は前日夜もクラブを訪れていた。

## 使用された車両の捜査

発見されたサニーはナンバーが付け替えられていた。大分ナンバーの「2297」は約四〇台あり、小倉北区で発見されたナンバー以外は事件と無関係であることが判明した。

県警は、サニーが放置されていた現場付近の聞込みも徹底した。その結果、サニーは事件直後、ドアロックせず、キーも挿さったままの状態で、月極駐車場に駐車されていた。駐車場の契約者が自分の車を駐車しようとしてサニーを発見、駐車場管理人に連絡し、管理人が近くの路上に移動したことが判明した。

サニーもナンバープレートも北九州市門司区の外国人が経営する中古車輸出会社から盗まれたものだった。経営者の供述から、同社に出入りする中古車販売業の男が容疑者として浮上した。

男は倉本尚也（仮名）、捜査の結果、県警は窃盗容疑で倉本を逮捕した。恐らく倉本の取調べを担当した捜査員が良かったのだろう。倉本は全面自供した。また、第一次捜査の公判のみならず、今回の野村総裁らの公判でも証人として出廷し供述している。

足の付かない車を準備するよう指示したのは、工藤連合田中組傘下の古口組々長・古口信一だった。倉本は中古車販売を行っていた。だが、事業に失敗し、自動車窃盗にも手を出していた。また、古口から数百万円を借りたが返済できず、がんじがらめになっていた。

古口は、事件の前年平成九年十月にも倉本に盗難車を準備させていた。

古口は、オートマチック車で足のつかない車を準備するよう命じた。また、ナンバーは金融流れのナンバーなど盗難ナンバー以外のものを準備するよう指示した。

倉本が出入りしていた外国人経営の会社は警備もなく、金融流れのナンバープレートも多数保管していた。倉本は、古口に同社から盗むことを伝え、了承を得た。古口は「車に指紋は絶対つけるな」と命じた。

倉本は自ら、トヨタマークⅡ一台と大分ナンバー二枚、ナンバープレート取付け用の封印、ネジを盗んだ。そして中古車業者としての癖でトリップメーターをゼロにした上で古口に車を引き渡した。

車を受け取った古口は倉本に「大物の別荘に殺しに行く」と語った。暴力団員による凶悪事件では意外なほど、親しい者に事件の話をすることが多い。梶原氏は大分県内に別荘を持っていた。数日後、倉本に古口の携帯電話から電話があった。古口は「今、別荘に来ているが相手が来るのを待っている」とのことだった。

更に数日後、古口から倉本に電話があった。古口はマークⅡを取りに来るよう命じた。倉本は車を受け取り、小倉南区の空き地に車を放置した。トリップメーターは三百キロメートル近くになっていた。盗難車に大分ナンバーを取り付けることに対し、古口が何も言わなかったこともあり、倉本は走行距離から古口が大分方面に行ったのではないかと考えた。

後に、倉本は古口から「大物は来なかった」と聞いた。

梶原事件の二日前、古口は再び倉本に「足のつかん車」を今日中に準備するよう命じた。

この時、倉本は福岡市内にいた。このため、一緒に車を盗むなどしていた男二人に車を盗ませることにし、古口の了解を得た。車は前回と同じ門司区の外国人経営の会社から盗ませた。その車が日産サニー白色だった。

ナンバーは、前回盗んだマークⅡのナンバーを付け替えることにした。古口には「ダイブンの板の白いサニー」と報告し了承されたが、ナンバープレートが前回盗んだものだとは告げなかった。「ダイブン」とは大分のことだ。

二月十八日、倉本は古口から「今日の夜、飲みに行っとけ」と指示された。この夜何か事件を起こすので、アリバイを作れという意味だった。午後九時すぎ、古口から「終わったけの。指紋とか大丈夫か？」と電話があった。倉本は「大丈夫です」と答えたが、更に数十分後、古口から再び電話があった。「指紋は大丈夫か？　親分たちが心配している。今、親分のとこにいるけの。ばたばたしているから切るけの」と一方的に告げると電話は切られた。

以上のやりとりは第一次捜査の判決でも触れられている。倉本、そして倉本がサニーを盗ませた二人も、事実関係を素直に認め、更には公判でも供述してくれた。また、倉本が当時交際していた女性も、車の窃盗に関与しており、彼女からも供述を得ることができていた。

古口信一は、当時、工藤連合三代目田中組古口組々長、そして田中組行動隊長という地位にあった。古口の「親分」は野村組長だった。

県警は、倉本らの逮捕、取調べと並行して、彼らの供述の裏付け捜査も徹底した。被疑者や事件関係者の供述のみに頼る捜査は極めて危険だ。正直に供述しても、記憶違いや思い違いはざらだ。

梶原氏殺害事件後のサニー放置現場付近はもちろん、倉本の自供に基づき、平成九年十月、倉本がマークⅡを放置した現場付近の聞込み捜査も実施した。その結果、空き地にマークⅡが放置された時期、マークⅡからナンバープレートが取り外された時期等についても聞込みを得ることができた。

それらの聞込み結果は、直ちに事件を立証するものではない。だが、倉本ら関係者の供述の真実性、証明力を裏付けてくれる。

## 工藤連合田中組からの脅し

梶原事件の実行犯は二人だ。その一人、工藤連合田中組中村組々長・中村数年が浮上したのは、被害者の御長男・梶原一郎氏の証言による。

中村は、服役中の梶原國弘氏と刑務所内で知り合った。梶原氏が出所したのは平成九年五月だが、平成八年一月、いち早く出所した中村は、梶原氏の出所を待ちわびていた。後の捜査で判明したが、当時行われていた新北九州空港の建設に関連し、長崎方面から工事に必要な砂を仕入れ、梶原氏に空港工事関連企業に口利きしてもらい、利ざやを稼ごうという魂胆だった。

同年三月、北九州市が新規の港湾施設開設、響灘ハブポート建設構想を発表した。総額二千二百億円、関係する十漁協で構成する漁業補償交渉委員会委員長に若松の漁協専務理事だった上野忠義氏が選ばれ、市との交渉を担当した。上野氏は梶原國弘氏の実弟だ。

梶原一郎氏や他の親族の証言から、平成九年一月以降、工藤連合田中組傘下の組長クラス複数から、一郎氏らに脅迫が続いていたことが明らかになった。田中組初代の田中新太郎が若松区出身だった関係で、田中組古参幹部には若松出身者が多かった。

同年一月、田中組内で野村組長、田上若頭に次ぐ本部長の藤木信二（仮名）が一郎氏に接触を図ってきた。

藤木は「今度、脇之浦で大きな工事が始まるなあ。お前やお前の親父、忠義、忠義の息子義夫（仮名）の四人がターゲットになっとる」と脅迫し、一郎氏と顔見知りの藤木組員に詳しいことは連絡させると告げた。大きな工事とは響灘ハブポート建設のことだ。

藤木は漁業補償交渉委員長となっていた上野忠義氏にも接触しようとしたが、上野氏はこれを拒否した。

五月、梶原國弘氏が出所した当日、一郎氏の会社事務所に中村数年が梶原氏の知人男性と訪ねてきた。

梶原氏は直接応対することを避け、一郎氏に応対させた。中村は、新北九州空港工事に関連し、自身と関係がある長崎の業者から砂を購入して欲しいとのことだった。また、同月下旬頃、中村は「長崎の砂の採取権をとろうとしている。地元の有力者を世話して欲しい。会長（梶原國弘氏）の力でどうにかならんやろうか」と要求してきた。

一郎氏は「親父は長崎には、そのような知り合いはいないですから」などと中村の要求を断った。この頃、上野忠義氏の御長男が経営する港湾土木会社事務所の窓と駐車中の車の窓が割られた。

七月になると、同じく工藤連合田中組木山組（仮名）組長が、上野忠義氏の御長男に工藤連合と話し合うよう要求し、それを断られると「会わんとどうなるか分からんぞ。警察に言うなら言え。子供も会社もぶっつぶしてやる」と脅迫した。

梶原氏らは、工藤連合田中組関係者による不当要求を拒み続けていた。九月には同じく田中組幹事長の船山興業（仮名）組長が一郎氏の会社を訪れ、「若松は俺の縄張りじゃ。おまえたち大概にしとけよ」などと脅迫した。

また、藤木組長の配下組員が一郎氏との接触を求めてきたが、一郎氏はこれを拒否した。九月二十八日、若松区にある上野忠義氏宅前で、帰宅した上野氏に対し拳銃五発が発砲される殺人未遂事件が発生した。

この時点、県警は梶原氏や上野氏が工藤會田中組関係者から不当要求や脅迫を繰り返されていることまで把握できなかった。ただ梶原氏や上野氏の自宅、会社事務所等への警戒は強化した。二日後の九月三十日、梶原國弘氏の知人で上野忠義氏とも懇意にしていた若松区の建設会社社長宅に拳銃が撃ち込まれた。

同年十月、上野氏は、北九州市との響灘ハブポート建設に関係する漁業補償交渉妥結に成功した。補償金は約七十四億円だった。

同月十四日、梶原一郎氏宅付近を警戒中の警察官が、不審な男を確保、男は拳銃を所持し銃刀法違反で現行犯逮捕された。男は一郎氏を脅迫した船山興業組長の配下組員だった。また、鑑定の結果、組員が所持していた拳銃は梶原氏知人の会社事務所への発砲事件で使用された拳銃であることが判明した。ただ、組員は発砲事件やその他のことに対しては口をつぐんだ。

古口組々長・古口信一が倉本に盗難車を準備させ、「別荘」に行ったのはこの頃だ。恐らく、この時期には梶原國弘氏の殺害が既に計画されていたと思われる。

## 田中組関係者の検挙

梶原國弘氏殺害事件発生後の第一次捜査でも、平成九年以降の工藤連合田中組幹部らによる一連の脅迫、不当要求について、梶原一郎氏の供述を得ることができた。

暴力団事件、特に殺人事件や発砲事件などでは本件で逮捕するだけの証拠は容易に得られない。ただ、これらの事件は複数の暴力団員やその親交者が関与することが多い。

暴力的犯罪集団である暴力団の構成員やその関係者の多くは、恐喝や暴行、覚醒剤密売等何らかの犯罪を犯している。このため、それら暴力団員や親交者らを何らかの事件で逮捕し、逮捕本件捜査終了後、それらの者から具体的な供述や情報を得るというのが、暴力団捜査の定番だ。

その場合も「別件逮捕」との批判を受けないよう、原則として起訴できるだけの事件を入り口にし、狙った事件の取調べは逮捕事件起訴後の勾留中に行っている。ただ、暴力団組織や関係暴力団員に強い不満を抱えている者も多い。それらの者は早い時点で警察が狙った事件についても供述を始めることが多いのだ。

平成十年五月、福岡県警は暴行、脅迫で中村数年を逮捕した。同年八月、中村は一旦保釈となったが、同月二十日、懲役九月の判決が下され服役した。

同年七月、福岡県警は古口信一を傷害と覚醒剤七十グラムの所持容疑で逮捕した。同年十月、懲役三年四月の判決が下された。

当時の取調べ状況は不明だが、平成十四年に梶原事件で両名検挙後も、二人は最後まで犯行を認めることはなかった。

同年八月、サニーやナンバープレート等の窃盗容疑が固まった倉本を逮捕、共犯の男二名も逮捕した。彼らは早い段階で梶原事件についても正直に供述を始めた。また、彼らの供述の真実性は、携帯電話の通話履歴、犯行使用車両等の放置現場付近聞込み等から裏付けられていった。

また十月には、パチンコ店経営者から八千万円を恐喝した容疑で、田中組の野村組長、田上若頭、そして古口信一らを逮捕した。恐らく梶原氏襲撃事件を念頭に置いたものと思われるが、詳細は分からない。結果は、野村総裁は処分保留で釈放されたが、田上会長、古口は起訴され、後に有罪が確定した。田上会長、古口とも懲役四年の判決だった。

このように特に古口が三つの事件で有罪が確定し服役したことも、倉本らの捜査への協力を引き出す大きな力となったと思われる。

この平成十年四月、私は三年間の警察庁出向を終え帰県していた。担当業務は、捜査第四課から分離した暴力団対策課（現・組織犯罪対策課）での暴力団排除だった。このため担当補佐として、恐喝事件被害者であるパチンコ店経営者の保護対策に関わった。被害者は山口県の方で、山口県警の協力をいただき保護対策を実施した。

後に、一時期は工藤會側が被害者への報復を計画していたが、その後断念したことが判明した。

また、当初被害届に消極的だったパチンコ店経営者に被害届出を決断させたのは、元警部事件被害者のH氏だった。今回の野村総裁・田上会長の判決でも明らかにされているが、田上会長はH氏に対する報復を、他の捜査員に対し口にしていた。

平成十一年、恐喝事件で有罪判決を下された一か月後、福岡拘置所に勾留中の田上会長をある捜査員が取調べた。田上会長は捜査員に対し、恐喝事件を指揮した捜査第四課特捜班長、その上司の管理官、そしてH氏の名前を挙げ非難した。判決によると次のように語ったという。

「この三人は許さん」。そしてH氏については「あいつは俺のことを嫌うとるらしいが、俺もあいつのことは好かん」、「Hは正義感の強い男ち言われよるようやが、汚いことしようやないか」と語り、更には三人について、「俺は直接はやらんよ、間に何人かの人間を入れてやるよ」などと仕返しをほのめかす話を強い口調で興奮気味に語ったという。

実はこのようなやり取りは、暴力団員の取調べの場では時にあり得ることだ。厳密に言え

放火事件で検挙された本田三秀

ば脅迫だ。そして工藤會は元捜査員等に対する放火事件等を敢行している。

昭和六十三年三月に、捜査第四課元警部宅に工藤連合組員らがガソリンを撒いて放火し、元警部宅と隣家を全焼させている。この事件では、平成二年七月、工藤連合極政会《きよくせい》・本田三秀《ほんだみつひで》らを検挙した。本田は、五代目工藤會では名目上のナンバー3・会長代行を務めた。後に触れるが、平成二十六年七月に発生した梶原一郎氏経営会社の元女性従業員に対する傷害事件では事件を指揮したとして逮捕され、懲役六年が確定している。

また、平成十四年八月、工藤會藤木組幹部・江藤克二（仮名）が北九州市小倉北区の警察宿舎駐車車両に時限装置付きのダイナマイトを仕掛け、逮捕、有罪となっている。この江藤は元警部事件の引き金となっている。

時に、暴力団の報復を恐れる警察官もいた。だが真の暴力犯刑事は、暴力団の脅迫的言動に屈することはない。私の先輩捜査員の中にも、工藤會組員らの取調べで、あからさまな脅迫を受けた人はざらだ。ただ、先輩たちはそれらの脅迫に対し、「殺《や》るならやれ」と言い返すのが常だった。

暴力団側から評価されるのは、嘘をつかない、そして正義感が強く信念のある捜査員だ。田上会長のH氏に対する言動も、取調べた捜査員を通じての県警に対する威圧の一つ、あるいは有罪となったことでつい怒りが爆発したのではないだろうか。少なくとも、十数年後にH氏を銃撃する原因・動機としては弱いと思う。

## 狭まる包囲網

工藤會は平成十二年一月に四代目工藤會となり、野村総裁が四代目会長となった。

梶原事件捜査は少しずつ進展していた。覚醒剤事件等で服役していた古口は田中組古口組々長から工藤會直若の古口組々長に、そして中村も工藤會直若の中村組々長に昇格していた。わずか数人しかいなかった中村の配下組員はすべて逃げ出していたが、その大半が捜査に協力してくれた。

事件前日、中村は組員の一人に運転させ、北九州市八幡西区の作業服専門店で紺色のツナギの作業服を、帽子店で黒っぽい目出し帽を購入していた。裏付け捜査の結果、二つの店のレシートから販売事実が確認できた。

犯行前年の平成九年五月から、中村は内妻と小倉北区馬借のマンション九階に住んでいた。偶然だと思われるがマンションは梶原事件が発生したキャバレーの目の前に位置していた。

組員の話で、中村は、オートバイを運転しないのに、フルフェイスの黒色ヘルメットを購入していた。犯行前日、購入したばかりの作業服に着替えた中村は、組員に自宅マンション付近まで車で送らせた。マンション近く、キャバレー付近で中村はヘルメットを被り、車を降りて歩き出したという。

事件前日、現場付近で目撃されたヘルメットの男こそ中村本人と推測された。

ある事件で検挙された工藤會組員は、工藤會本部当番で中村と同じ組み合わせだった。中村は、右手は小指を、左手は親指を除き全ての指を詰めていた。

当番中の組員との雑談で中村は次のように語ったという。

「タマとるときは、至近距離からやらんといかん。逃げ腰になってはつまらん。みんな、おれに指がないもんやけ、チャカ撃ちきらんと思うとるけど、結構おれもうまいもんぞ」。そして組員が「組長は人を殺したことがあるんですか」と尋ねると、拳銃を撃つ格好をし、「相手が倒れたところで馬乗りになるような感じで、股越しに頭を狙って拳銃を撃った」と語ったという。「チャカ」とは拳銃のことだ。組員は公判での証言は拒否したが、検察官による調書作成には応じており、中村・古口の公判では検察官調書が証拠採用された。

## 第一次捜査の成果

更に決め手となったのが、中村と事件直前に会っていた工藤連合組長の供述だった。

平成十年七月、福岡県警は工藤連合二次組織組長・福山正雄（仮名）を犯人隠避容疑で逮捕した。その後の取調べで、福山は、中村数年と事件を結びつける決定的な供述をしてくれた。

福山組長は、中村と親しく、中村は時々、小倉北区の福山組長の事務所を訪れたり、事務所近くの喫茶店に二人で立ち寄ったりしていた。喫茶店は犯行現場まで約七百メートルの位置にあった。

事件当日、午後五、六時頃、中村は一人で福山組長の事務所を訪れ、午後六時前後、二人は連れ立って喫茶店に入店した。犯行時間帯の午後七時頃、中村は一人で店を出て行った。福山組長は、この時中村が「親父の用事を済ませて戻ってくる」と言って出て行ったと証言している。

親父とは親分のことで、中村の親分はほかでもない野村総裁だ。そして、事件後間もなく、福山組長の事務所に戻ってきたという。

福山組長は、警察のみならず検察官の取調べでも同様の供述を繰り返し、調書が作成された。喫茶店経営者からも二人の立ち寄り事実は確認できたが、第一次捜査の段階では、詳細な供述は得られなかったようだ。

また、後の裁判では証拠採用はされなかったが、相当数の組員や親交者が警察の捜査段階では事件について供述を行い、調書が作成されていた。

工藤連合田中組田上組々員・西田顕から犯行を告白された者もいた。

ただ、裁判における人的証拠については、公判で証言することが原則だ。公判において裁判官の質問、あるいは相手側の反対尋問を受け、その結果、証拠として採用するかどうかが決定される。

それに対し、捜査段階の供述調書は、より証拠能力（証拠としての資格）が制限される。

中村・古口の公判で証拠採用された警察調書は、既に国外に出国していた外国人自動車輸出業者のものだけだ。

供述書や供述調書の証拠能力について規定した刑事訴訟法では、検察官調書は次の場合証拠として認められる。それは、供述者が死亡、所在不明、公判への出廷拒否等の場合や、公判で検察官調書と相反するか実質的に異なった供述を行い、かつ、検察官調書の供述を信用すべき特別の状況があるときだ。

検察官が無理な取調べを行っていなければ証拠能力が認められることが多い。

一方、警察調書は、検察調書の制限に加え、「犯罪事実の存否の証明に欠くことができないものであるとき」で、かつ、「その供述が特に信用すべき情況の下にされたものであるときに限る」という厳しい制限が加えられている。

暴力団の組織的事件では、事情聴取には応じて話をしてくれても、証拠となる調書作成は拒否することが多い。警察調書に応じても、裁判で証拠として提出されることを前提とした検察調書は拒否し、暴力団関係者多数が傍聴することの多い公判での証言は拒否することが通常だ。

事件発生から四年以上が経過した平成十四年六月二十六日、梶原事件実行犯として中村数年と西田顕を通常逮捕、二十八日、既に服役していた田上会長と古口信一を通常逮捕した。予想通り、この四人は最後まで否認を貫いた。

犯行後、古口は、車などを準備させた倉本に、自分が見届け役だったことを話し、見届けた犯行状況等についても話していた。サニーについても、海に捨てるか燃やす予定だったが西田と思われる実行犯の一人がびびってしまい、小倉北区内の駐車場に放置したことなども話していた。

倉本との雑談の中で古口は、私が直方警察署刑事課長当時に発生した桃田事件に触れ次のように語ったという。

「親分は怖いけのう、親分は、狙ったら絶対に殺す。桃田の時もそうやったろうが。それで、今回の梶原のときもそうやろうが。工藤連合は、狙ったら何年経とうと必ず殺す。事件が起きてすぐじゃなくて、半年、一年後とか、ほとぼりが冷めて殺すから、もしこのことを話したら、必ず親分は俺も殺すやろう」

また、平成十年六月頃、既に倉本に対しては自動車等の窃盗容疑で県警が逮捕状を得て所在捜査中だった。この頃、倉本が古口と戸畑区内のガソリンスタンドに立ち寄ったところ、たまたまスタンドに給油に来た田上会長と子分の西田顕がいた。この時、田上会長は田中組若頭の地位にあった。

倉本が田上会長に挨拶すると、田上会長は倉本に対し、

「こんなところにいて大丈夫か」

などと声を掛けたという。

また古口は、西田に対し、

「こんなところにおって大丈夫なんか。北九州にはおられんめいもん」

と、北九州にはいられないだろうと言った。この後、倉本は古口から、

「若頭のところから一人出しているから、若頭もぴりぴりしている」

と言われたことも証言した。「若頭」とは当然、当時田中組若頭の田上会長のことだ。

倉本は野村・田上公判でも証言してくれたが、その証言は弁護側の反対尋問にも揺るがなかった。

倉本の古口の言動に関する証言は、古口がそのようなことを言ったか否かについては、一つの証拠となり得る。しかし、その古口が言ったことが事実かどうかについては、別の問題だ。

検察は、田上会長については起訴を断念し処分保留として釈放した。そして中村、古口、西田の公判が続いた。三名は最後まで否認を続けた。

## 事件前日の拳銃暴発

古口信一については、古口の指示により車等を盗み、その後、古口から事件に関する話を聞いていた倉本や他の関係者の証言があった。

中村数年についても、犯行前後の状況に関する福山組長らの検察調書があった。だが、それはいわゆる情況証拠であり、決して十分とはいえない状況だった。

中村、古口、西田起訴後も捜査は継続していた。

県警は、中村の内妻からも事情聴取を行っていた。

事件当時、中村は内妻と事件現場の目の前に位置するマンションに住んでいた。

その後、正式に入籍したが、平成十三年末に協議離婚していた。

離婚後も内妻の心が完全に中村から離れることはなかったが、時間が経過する内に、事件前後のことも捜査員に素直に話してくれるようになっていた。

事件発生当日、中村は「梶原会長が殺されたぞ。現場が俺たちのマンションのすぐ前で、俺が一番に疑われるけ、しばらく身を隠すぞ」と理由にならない理由を告げて、しばらくの間、北九州市内のラブホテルを転々としていた。

私が工藤會担当となったのは平成十五年三月だが、同年六月、内妻は決定的な事実を捜査員に告白してくれた。

それは、事件前夜のことだった。外出していた内妻が帰宅したところ、マンションの自室玄関で男がスニーカーを履こうとしていた。その後ろに中村がしゃがみ込み玄関左側の壁の下部分にドライバーのようなものを差し込んでいた。

玄関廊下の床には黒っぽい回転式拳銃が置いてあった。ジャンパー姿の男は暗い色の目出し帽を被り、拳銃を拾いポケットに入れると黙って外に出て行った。

内妻がどうしたのか尋ねると、中村は、「道具が暴発したんや。弾がこん中に入っとってみつからん。道具を床に置こうとしたら暴発した」と怒った口調で話した。見ると壁には小さな穴が開いていた。

中村は不機嫌そうに、田上若頭の若い衆がたまたま拳銃を持ってきたと弁解した。

壁の傷は中村がその後簡単な修理を行っていたが、同年八月、暴行・脅迫で勾留中の中村が一旦保釈になった際、工藤連合側が差し向けた業者により壁はきれいに補修されていた。

この内妻の供述に基づき、私たちは中村が事件当時住んでいたマンションの一室に対する裁判所の令状を得て、捜索・検証を行った。同室には、事件とは全く無関係の男性が住んでおり、この男性と内妻に立会してもらった。

その結果、内妻の供述通り、壁の壁紙を剥がすと補修の跡があり、一個の弾痕があった。更に石膏ボードを取り外すと、床部分の金具内から弾丸一個を発見した。

鑑定の結果、事件で使用され、梶原氏の体内から発見された弾丸四個の内の二個と、付近路上で発見された弾丸一個、合計三個と同一の拳銃から発射されたものだと判明した。

この新たな発見が決定的証拠となった。平成十八年五月、福岡地裁小倉支部は、実行犯の中村に対し無期懲役、見届け役で犯行使用車両を準備させた古口に対しては懲役二十年の判決を下した。二人は最高裁まで争ったが、平成二十年八月、最高裁は二人の上告を棄却、二人は服役した。

ただ、決定的証拠が欠けていた西田については、無罪の判決が下され、検察は控訴を断念した。内妻は検察調書作成には消極的だったが、自らの供述に基づき弾丸が発見されたことから、検察官の事情聴取と調書作成に応じてくれた。彼女は離婚後も中村への愛情は失っていなかった。ただ、中村の有罪は確信していたはずだ。捜査に協力してくれた理由はあくまで推測だが、中村がせめて自分の罪だけでも認め、少しでも刑が軽くなることを願っていたのではないだろうか。

マンションの壁から弾丸を発見した四か月後、外出先から実家に帰宅した彼女は、熱があると母親に訴え、化粧を落とすことなく自室のベッドに横になった。彼女は幾つか病気を抱えていた。翌日、家族がベッドに横たわったままの彼女を発見、救急車を呼んだが彼女は既に亡くなっていた。彼女も工藤會の犠牲者だ。

## 二　第二次捜査

### 繰り返された悲劇

梶原一郎氏からは、平成九年以降、工藤會田中組出身の複数の工藤會組長らから執拗な脅迫を受けていたこと、そして中村数年との関係について、第一次捜査の段階でも積極的に供述していただいた。

だが、中村、古口、西田の公判での証人出廷には応じていただけなかった。その理由は工藤會の執拗かつ卑劣な暴力が中村ら逮捕後も続いていたからだ。

中村、古口そして西田の第一審判決で、福岡地裁小倉支部は本件の重大性・悪質性について次のように触れている。

「被害者は、暴力団組織との関わりを絶ち、何らの落ち度もなかったにもかかわらず、無防備で抵抗できない状態で、暴力団組織の権益維持、報復という理不尽な理由により、無惨な方法で殺害されたのであり、その苦しみや無念さは察するに余りあるものである。被害者の息子は、捜査段階においては、被告人らに対して極刑を求めるなど峻烈な処罰感情を述べていたものの、被告人らの属する四代目工藤會（※判決当時）からの報復が家族にまで累を及ぼす危険が高いことから、やむを得ず、当公判廷への出頭を拒否して、被害感情を吐露することができないという理不尽な立場に追い込まれている。暴力団組織の蛮行が繰り返された結果、暴力団組織の不当な要求を正当にも退けた被害者の命が絶たれただけでなく、その家族にも深刻な被害をもたらしているのであり、いまなお暴力団の恐怖におびえている被害者の遺族の心情は悲痛なものがあると察せられる。しかるに、被告人らによる慰謝の措置等は一切されていない」

今回の第二次捜査で明らかになり、野村・田上裁判でも触れられているように、一郎氏は事件発生前、野村総裁、田上会長本人から執拗に交際を求められていた。事件後、田上会長からは脅迫すら加えられていたのだ。だが当時、それらの事実が県警に知らされることはなかった。そして、それを非難することはできない。

第二次捜査が開始されるまでの間、平成二十年六月に藤木信二が、「無罪」となった西田は平成二十三年七月、服役中の古口は平成二十四年五月にそれぞれ病死した。

暴力団員とはいえ、人の死を軽々しく扱うつもりはないが、その後、工藤會二次組織の組長などとなった彼らの死が、梶原事件関係者に与えた影響は少なくない。

一方、この間も、一郎氏、そして梶原國弘氏実弟の上野忠義氏らに対する工藤會の容赦ない暴力は続いた。

平成十九年（二〇〇七年）四月二十五日深夜、若松区内で発砲事件が続いた。上野氏宅と上野氏御長男宅で駐車中の車に拳銃が撃ち込まれた。また、長男経営の港湾建設会社事務所にも拳銃が撃ち込まれた。

この年、若松区の漁協など北九州市内の七つの漁協が合併して北九州漁業協同組合が結成された。上野忠義氏はこの組合長に就任していた。また、上野氏の御長男・義夫氏は、北九州地区の港湾建設業者の団体である北九州港湾建設協会の会長をしていた。お二人とも、北九州地区の港湾工事に大きな影響力を有すると見られていた。

上野忠義氏が射殺された事件現場

六年後の平成二十五年十二月二十日午前七時五十三分頃、若松区の自宅付近路上で、上野忠義氏（当時七〇歳）が射殺された。

そして、平成二十六年五月二十六日、梶原國弘氏の孫で一郎氏の御長男の歯科医師が、刃物で複数回刺され重傷を負った。

二か月後の同年七月二十五日、北九州市八幡西区のマンション駐車場で、帰宅した女性（当時四八歳）が、刃物で左肩、腰を刺された。女性は、一郎氏が経営する港湾土木資材販売会社の元従業員だった。

元女性従業員事件では、令和元年十二月、工藤會本田組々長・本田三秀らが検挙された。本田は、前年の平成三十年までは、工藤會会長代行の地位にあった。本田は黙秘を続けたが、実行犯らは犯行を認めた。本田に対しては懲役六年が宣告され、令和三年三月、福岡高裁は本田の控訴を棄却した。

上野忠義氏の事件は現時点、未検挙だが、工藤會以外はあり得ない。

この年の九月に野村総裁、田上会長が元漁協組合長事件で検挙されなかったら、更に梶原氏や上野氏の家族、更には経営する会社の従業員等に対する襲撃が繰り返されたことだろう。

## 関係者の協力

今回の野村・田上判決や、その他の工藤會襲撃事件判決を見ると、人的証拠、すなわち事件に関係する人物から真の供述を得て、証拠化することの重要性を痛切に感じる。

第二次捜査でその鍵を握ったのが梶原一郎氏、そして一郎氏の従兄弟である上野次郎氏（仮名）の新たな証言だ。

そして、第一次捜査では必ずしも捜査に協力的ではなかった関係者、その後検挙され取調べに応じた元古口組員らからも、重要な供述を得ることができている。

実行犯である中村数年の事件当日の行動については、元工藤連合傘下組織組長・福山正雄から第一次捜査時にも証言を得ていた。事件直前、福山と中村は、犯行現場付近の喫茶店に二人で立ち寄り、しかも中村が事件前に「親父の用事を済ませて戻ってくる」と言って出て行ったことを供述してくれていた。

福山組長は今回の野村総裁らの公判では直接証言してくれている。

福山組長は平成十四年一月、工藤會から絶縁・所払いの処分を受けている。恐らく、中村の当日の行動等を捜査側に供述したことが工藤會側にばれたためと思われる。絶縁は永久追放で、所払いは工藤會の縄張り内からの追放だ。もしも所払いとされた地区内で工藤會側に見つかれば命の保証はない。

野村総裁らの公判で証言してくれた福山元組長だが、令和元年十二月、予定されていた公判での証人出廷を行わなかった。それは、工藤會鹿子嶋組々長・鹿子嶋文男が脅迫したためだった。鹿子嶋は福山元組長に「あんたは総裁に恨みしかないんか。嫌われるようなことをあんたが言わんでいい」などと脅迫したとして、後に逮捕、執行猶予付きだが有罪となった。

結果的に、その後の公判で福山元組長は証言してくれた。

また、第一次捜査では積極的な協力を得られなかった喫茶店経営者も、今回は「自分も、もうこの年になって腹決めをした」と言って、警察、検察に協力してくれている。

元経営者は草野高明とも親交があり店には福山元組長以外の工藤連合組員らも出入りしていた。しかも第一次捜査で中村数年や古口信一が逮捕され公判中には、知り合いの工藤會最高幹部からアリバイ工作まで依頼されていたのだった。

元経営者は体調を壊し入院中だったが、野村総裁、田上会長の逮捕後間もなく、事件当日の状況を供述してくれた。事件直前に中村が立ち寄っていたのは間違いなかった。今回の判決でも触れられているが、福山元組長供述に加え元経営者の供述を得たことにより、事件直前の中村の行動の立証はより強固となった。

一方で、今回の裁判で福岡地裁は、より厳しい判断をしている。第一次捜査で福山元組長の検察調書は、事件後四年以上が経過した平成十四年八月と七月に二本作成されている。同年八月の調書では「親父の用事を済ませてくる」と中村は言ったとなっているが、七月の調書では「用事を済まして戻ってくる」と「親父の」が抜けていたのだ。

当時から福山元組長の供述では、中村が親父つまり野村総裁を尊敬し、絶対忠誠を誓っており、「親父の用事」という言葉をよく使っていたという。
　このため、今回の判決で福岡地裁は次のように認定している。
「これらの供述調書作成時点で本件から四年以上が経過していたことも踏まえると、中村数年が前記喫茶店を出る際に福山正雄に対して『おやじの用事』と告げた可能性は低くないものの、福山において他の機会の発言と混同している可能性は否定できないから、何らかの用事がある旨を告げたという限度で認定した」（野村・田上判決）
　これを見ても、今回の判決は決して検察・警察に甘いものではないことがおわかりいただけると思う。

**元古口組員の供述**

　そして、野村総裁らの逮捕後、工藤會を離脱した元古口組々員の供述も、田上会長の事件への関与等を立証する間接証拠の一つとなった。

元組員は、事件当時は古口組幹部で、古口が獄中で病死後は、田中組員として活動していた。今回、検事の取調べに対し次のように供述している。

事件三日後の二月二十一日、元組員は古口信一から電話で田中組本部事務所に呼び出された。そして、古口の指示により古口の車を運転し、助手席に乗車した古口の命ずるまま、小倉北区の住宅街に向かった。古口の指示で裏通りを行き来すると、道路脇に大分ナンバーの白色サニーが駐車しているのを古口が発見した。

サニーを見た古口は「何でこんなところに置いとるんか」と不機嫌な表情で吐き捨てるように言ったという。古口に言われ田中組本部事務所に戻ると、古口は事務所会議室に向かった。しばらく待っていると、田中組若頭だった田上会長、若頭に次ぐ田中組本部長の藤木信二と古口が出てきたという。

藤木については、第一次捜査の段階でも、古口の親交者でサニーを盗んだ倉本尚也が、藤木の関与について証言してくれていた。盗んだサニーについて、倉本の目の前で古口が藤木に電話し指示を受けていたのだ。第一次捜査では藤木は逮捕されていない。詳細は不明だが、当時、藤木が体調を壊し入院中で逮捕できる状態ではなかったようだ。

福岡地裁の判決では、今回の元組員の検察官調書と倉本の証言などで、当時、田中組ナンバー3だった藤木信二の関与も認めている。

五代目田中組本部事務所（2018年撮影）

田上会長についても供述していた元組員だが、野村総裁、田上会長が本件で逮捕、起訴された数か月後くらいから、自分の供述調書には嘘があると言い出したようだ。それは、サニーを古口と見に行った際、田中組本部事務所に立ち寄った点だった。

元組員は今回の公判で、野村総裁、田上会長らを前に証言している。古口とサニーを探しにいったことについては、そのままだった。だが、自宅から出発し、田中組本部事務所へは立ち寄らなかった、と供述を変えたのだ。その理由としては、供述当時、自宅に拳銃の弾丸を隠していたため、自宅の捜索を受けると弾丸を発見されてしまうと考え嘘をついた、と申し立てた。

ただ、元組員の自宅については、別件の覚醒剤取締法違反で既に捜索を受けていた。

このため、福岡地裁は次のように判断した。Pとあるのが元古口組員だ。

「自宅が捜索を受けるのを避けるために田中組本部事務所へ行ったといううそをつく必要はなく、ましてや同所に被告人田上らがいたなどといううそを重ねる必要もないのであって、Pの弁解は信用し難い。Pが自身の供述調書のせいで被告人田上が有罪になっては困ると考えたとする点は、工藤會の最高幹部である被告人田上をかばおうとする心境を吐露したものであると認められる。

そうすると、Pの前記各検察官調書における供述内容は十分信用に値するというべきであり、Pの公判供述のうち、これと異なる部分については信用できない」（野村・田上判決）

野村総裁は、工藤會田中組々員らにとって雲の上の存在だったが、田上会長は違った。時に口やかましく言うこともあったが、田上会長は特に古参の田中組員らに人望があった。

元組員は、平成十年三月十日、事件後最初の田中組定例会で、当時若頭だった田上会長から、「梶原の件については、警察に対してはもちろん、組員同士においても一切話をしてはならない」と指示があったことを検察官に供述している。

この供述についても、公判での証言では「定例会での話の内容は覚えてはいない、田上会長は、田中組の定例会では毎月決まって、うわさ話はするな、人の誹謗中傷的なことは話すなと注意をしており、梶原事件についてだけの話とは思わなかった」と供述を後退させた。

これに対し裁判所は、長年工藤會組員として活動してきた証人が、あえて田上被告を陥れるような供述を行う必要はないとして検察調書を証拠採用している。

## 元漁協組合長一族に対する野村総裁の不満

古口信一が、「大物の別荘に殺しに行く」と倉本に車を盗ませた翌月の平成九年十一月、若松区の料亭で、当時の太州会々長を交えて、砂利販売協同組合代表理事、専務理事らと野村総裁らの昼食会が行われた。同組合は同年七月に設立され、砂・砂利販売を行っていたが、北九州で事業を行うため、挨拶代わりに野村総裁らとの会食の場を設けたのだった。

組合の専務理事は、第一次捜査の平成十四年にも警察官の事情聴取に応じ調書も作成されたが証拠としては提出されていないようだ。警察官調書には証拠能力に厳しい制限がある。また、当時は余り詳しくは話してもらえなかったのではないだろうか。

今回は、専務理事だけではなく組合を代表する代表理事も検察官の事情聴取で詳しく供述してくれている。また、その内容は料亭の支払伝票でも裏付けられている。

会食の席で、野村総裁は「砂の世界は難しいもんね。梶原がいるもんね。やりたいことも行き詰まるよ。何とか梶原を含めて、砂業界を統一せんと、本当の意味で、砂業界で仕事をするのは難しいですよ」、「砂利事業は若松の梶原が絡んでいるから大変ですよ。あそこには、私どもも何も絡めないんです」と語ったという。

公判においては、当然ながら野村総裁はこの出来事を否定している。また、梶原國弘について「事件当時、被害者を知っていたか」との質問に対し、「知りません」、「名前ぐらいは聞いたことあります」と答えている。また、梶原氏と漁協との関係についても知らないと証言している。

だが、事件後二十年以上も経過した後、砂利販売協同組合の代表理事らが、野村総裁が梶原氏に対して不満を口にしたと嘘の証言をする必要などどこにもない。

## 新たな証言

今回の第二次捜査による判決で決め手となったのは、梶原國弘氏の御長男一郎氏と一郎氏の従兄弟である上野次郎氏の新たな証言だ。

父親である國弘氏、叔父である上野忠義氏を殺害され、更には我が子の命すら奪われそうになった一郎氏の怒り、無念さは計り知れない。そして御自身も工藤會のターゲットになっていた。

第一次捜査段階では、触れられなかった野村総裁、田上会長とのやり取りについても、第二次捜査では詳細に証言している。また、その当時のメモや他の関係者の供述が、その証明力をより高めている。

工藤連合総裁・草野高明が死亡したのは、平成三年四月だが、当時、工藤連合若頭だった野村総裁は、平成二年頃から四年頃まで、梶原一郎氏が経営する会社宛に中元・歳暮を贈っていた。他の暴力団のことは知らないが、私が知り得た範囲でも、野村総裁は多くの者に中元・歳暮を贈っていた。送る相手は他団体の幹部、工藤會関係企業や親交者、中には元新聞記者もいた。

草野が死亡した平成三年暮れから平成四年初め頃には、野村総裁、田上会長と梶原親子は小倉北区の料亭で会食している。また、田上会長と一郎氏はその後にも田上会長の誘いで会食していた。

平成四年八月、一郎氏や上野氏が経営する会社がそれぞれ指名停止処分を受けた。

同年末頃には、梶原氏らは野村総裁らとの交際を避けるようになっていった。

平成四年暮れから平成五年初め頃、小倉北区のクラブで、梶原國弘氏が野村総裁への挨拶を拒否したことがあった。

これについては、当日、國弘氏と同席した知人や梶原氏の会社従業員も目撃しており、公判でも証言している。

判決によると、梶原氏らはホテルで軽く食事をした後、クラブに入店した。しばらくすると、一見して暴力団関係者と判る黒背広の男六、七名が来店し、梶原氏らの横を通って奥へ向かった。その中に野村総裁がいたのだ。

それまで普通の様子だった梶原氏は、険しい表情をして「もう店を出たい」と言い出した。梶原氏らが店を出てエレベータを下りて歩き出したところ、先ほどの黒背広の一人がクラブ方向から近づいてきた。「帰らんでもいいやないか」、「挨拶ぐらいしてくださいよ」と男は梶原氏に哀願するように言ったが、梶原氏は無視したという。

この件について、工藤連合側から梶原氏らは「親子共々一週間以内に北九州から出て行け」と脅された。そして、梶原國弘氏と一郎氏は、福岡市内のホテル中華料理店で田上会長に謝罪、一千万円を支払ったという。

何よりも、事件後の平成十年五月頃には、田上会長から直接電話で脅されていた。

この時、田上会長は「二十年、三十年警察とやっていくつもりね。表を歩けるようにせんといけんのじゃないんね。自分は上野忠義のことは好かんけど、二人でよく話し合って連絡をしてちょうだい。このことは、警察、そして誰にも言ったらいけんよ」と語った。

また、平成十一年一月には、田上会長の舎弟分とも言える田中組幹部・瓜田太《うりたふとし》が一郎氏の会社を訪れ一郎氏に対し、「自分が来たら誰から頼まれたかわかるでしょう。このまま小さくやっていくんですか。このまま工藤會を無視していくのか、はっきり返事が欲しい」などと述べたという。田上会長からの脅しはその後も続いたが、一郎氏は無視し続けた。

瓜田太は、看護師事件、歯科医師事件にも登場する。

これらの出来事について一郎氏はメモなども残していた。

## 決め手となった〝とある証言〟

上野次郎氏は、梶原國弘氏の甥、一郎氏の従兄弟に当たる。田上会長と親しかった次郎氏の兄が事故で死亡した後は、次郎氏も田上会長と親交を持つようになった。

次郎氏は、野村総裁と田上会長が逮捕、起訴された後、警察、検察の捜査に協力するようになった。次郎氏は田上会長の梶原一郎氏への言わば伝言役だったのだ。今回の一審判決では次郎氏の証言が決め手の大きな一つとなっている。

一郎氏と上野次郎氏はいずれも、北九州市漁業協同組合若松区の支部で理事も務めていた。同支部の代表理事は一郎氏だ。田上会長は次郎氏を同支部の代表理事に就任させようとした。

平成二十六年五月、一郎氏の息子である歯科医師が襲撃され重傷を負った。その三か月前の同年二月、次郎氏は田上会長から戸畑区のファミリーレストラン戸畑店に呼び出された。

次郎氏の証言によると、田上会長から尋ねられたのは、漁協支部代表理事選挙の時期、公共事業における梶原一郎氏の権限や発言力についてだった。そして、漁協支部理事である次郎氏を代表理事にしたいが、どうしたらできるかなどだったという。

次郎氏は、一郎氏が北九州市漁協の組合長に就任し、若松の支部の代表理事も一郎氏が決める可能性が大きいことを告げた。

その二週間後、田上会長は再び次郎氏を同じファミリーレストランに呼び出した。

今回の判決で福岡地裁は、次郎氏の証言に基づき次のように認定している。

「被告田上は、同月中旬頃にも、前記ｐ７（※ファミリーレストラン）戸畑店に上野次郎を呼び出し、上野次郎及び梶原一郎に怒っている様子で、上野に対し、『一郎はまだ分からんのか。』『上野忠義があんなんなっとるのに、一郎は本当にわかっとらんのか。』『俺は一郎に対して若いときによくしてもらっとるところもある。あいつには危害を加えたくないけど、俺だけの考えではもうできん。もうこれは會の方針やけの。』などと述べ、これは脅しではなく、工藤會の要求を聞かなければ、工藤會の方針として梶原一郎に危害を加える旨を、北九州市漁協の役員会(理事会)が実施される同月二十六日に梶原一郎に伝えるように指示した。

また、被告人田上は、この際、上野次郎に対し、k9という会社名が書かれたメモを渡し、若松地区での解体工事に、この会社が参入できるようにしてほしいと告げた。上野次郎は、その後、梶原一郎に対し、電話で、前記k9の解体工事への参入を依頼するも、梶原一郎が同社の参入に向けて動くことはなかった」(野村・田上判決書)

「俺の考えではもうできん。もうこれは會の方針やけの」という田上会長の言葉の意味するところは明白だ。田上会長に指揮命令できる會の人間は野村総裁ただ一人だ。そして野村総裁の命を受けた田上会長が、工藤會として一郎氏へ危害を加えるとの最後通牒だ。

二度目に田上会長が次郎氏を呼び出した同年二月中旬から下旬頃に、工藤會田中組本部長・中西正雄は、工藤會の上位者から命じられて梶原一郎氏の行動確認を配下組員に指示している。

同年二月二十六日、北九州市漁協の役員会が開催された後、上野次郎氏は一郎氏と会い、田上会長の意向を話した。

判決ではこのことについて次のように認定した。

「上野次郎は、同月二十六日、北九州市漁協の役員会（理事会）が開催された後、梶原一郎と二人で会い、一郎に対し、『工藤會は若い者が多いので、何をするやら分からない。』『上野義夫（※仮名。上野忠義氏の息子）にも注意するように。』『おじさん（上野忠義）があんなんなっとるのに。』などと言って、工藤會の要求を聞くように告げたが、梶原一郎は、『聞かなかったことにする。お互いなかったことにしよう。』などと述べて、相手にしなかった。

なお、被告人田上は、同日、上野次郎に対して、午後一時四十六分、午後四時五十二分、午後六時十八分の三回にわたり電話をかけており、一回目の電話で役員会が何時から始まるかを、二回目の電話で役員会が終わったかをそれぞれ上野次郎に確認し、三回目の電話で、梶原一郎に被告人田上不美夫の要求を伝えた旨の報告を上野次郎から受けた」（野村・田上判決）

三月六日、田上会長は前記ファミリーレストランに上野次郎氏を呼び出し、同店駐車場に停車した車の中で、梶原一郎氏とのやり取りの報告を受けたという。車に乗っていたのは田上会長と次郎氏の二人きりだった。そして「一郎は分かっとるのか。忠義があんなんなっとるのに、まだ気づかんのか。あいつがもう分からんのなら、分からせるしかない」などと話した。

一郎氏は、上野次郎氏とのやり取りを自らの携帯電話のメモに記録していた。そして、一週間後、一郎氏は上野義夫氏にも上野次郎氏からの話を伝えており、義夫氏もこれを裏付ける供述を行っている。

また判決内容から、田上会長や次郎氏の携帯電話の使用履歴も差し押さえているようだ。他の襲撃事件等の捜査でも、携帯電話の使用履歴や位置情報は有効な間接証拠となる。

襲撃事件等では、いわゆる「飛ばしの携帯」他人名義の携帯が使われることが多い。だが、直接犯行に関係のない内容の場合、わざわざ飛ばしの携帯は使わない。また、通常であれば自らの携帯で頻繁にやり取りが行われている時間帯に、その携帯が使用されていないということもある。その場合、その時間帯に自分の携帯を使えない何らかの理由があることになる。それも一つの間接証拠だ。

**「やるしかねえやろ息子を」**

この頃、工藤會田中組ナンバー2の若頭・田口義高は、詐欺及び強要等で起訴され勾留中だった。田中組ナンバー3の本部長・中西正雄は実質、田中組ナンバー2の地位にあった。田中組トップは工藤會理事長でもある菊地敬吾だ。

後の捜査により明らかになったように、中西は「上位者」から一郎氏と一郎氏の御長男である三郎氏の行動確認を命じられた。当時、一郎氏に対して福岡県警は、厳重な保護対策を行っていた。一方で、港湾工事や漁協の活動とは全く無関係な三郎氏に対する保護対策は行われていなかった。

中西は配下の丸本木晴ら田中組員らと調べた結果、三郎氏が小倉北区の歯科大学に車で通勤しており、午前八時半前後に歯科大学付近の駐車場を利用していることを知った。

上野次郎氏と田上会長との関係については、私が工藤會担当当時も明らかだった。工藤會親交者である次郎氏は警察の取締り対象だ。

平成二十六年五月十二日、県警は次郎氏を強要の罪で逮捕し若松署に留置した。次郎氏は同罪で勾留、起訴され、更に詐欺事件でも起訴された後、七月十八日に保釈された。

漁協支部の代表理事の選挙は、同年六月に実施され、一郎氏は立候補を断念せざるを得なかった。

次郎氏が勾留中に、歯科医師事件が発生した。

叔父である梶原國弘氏、上野忠義氏を無残にも殺され、更には全く港湾工事等の利権に無関係である従兄弟の息子まで殺されかけた。この事件が上野次郎氏が工藤會との関係を再考する大きな原因となったと思われる。

判決によれば、田上会長と親交のある次郎氏は、県警から歯科医師事件に関しても事情を聞かれたが、この時点では「一切分からない」と答えたようだ。

保釈された次郎氏は、田上会長と連絡を取り直接会って話をすることにした。七月二十三日、田上会長行きつけの小倉北区の理容店駐車場で二人きりで会うことになった。駐車場の車内で、次郎氏は歯科医師事件について田上会長に尋ねた。

「自分が若松署におったときに梶原のところの子供、やったですよね」と尋ねると、田上会長は、「一郎が分からんのやけ、おまえ、やるしかねえやろ息子を」などと発言したという（野村・田上判決）。

警察、検察は、同日、田上会長が理容店を利用したことについても同店店長から裏付けを取っている。

そして、次郎氏に工藤會との決別を決意させたのが、野村総裁・田上会長の逮捕だった。

野村総裁、田上会長の弁護側は、次郎氏の証言の信用性を否定しようとしたが、福岡地裁は次のように判断している。

「被告人両名逮捕後の取調べについて、上野次郎は、自身がかつて藤木組の預かりとなっていた時期があり、工藤會や田中組の全体像を見て知っている分これらの組織が恐ろしい組であると感じていた、被告人両名を含む工藤會組員が大勢逮捕されていっているのを知って、寂しさ半分、他方で、身内が被害を受けて、知っていることだけでも警察に言っておこうという複雑な気分であったと供述している。

また、上野は、梶原一郎との間で、平成二十七年最初頃、一郎の父梶原國弘や叔父の上野忠義の殺害を受けて、身内一丸となって手を握って力を合わせて頑張ろうという話をしたこともきっかけになって、本件に関する被告人田上との接触状況について供述するようになったとも供述している。

このように、上野次郎が、工藤會という組織の恐ろしさを感じる一方、身内が被害を受けた感情もあって、これらの複雑な心境の中で、梶原一郎との間の前記のような会話を受け、本件についての被告人両名や工藤會にとって不利益な事実に関して警察に知っていることを話すようになった経緯は自然なものとして理解できる。よって、上野次郎の供述の出方が不自然であるとの弁護人の主張は理由がない」（野村・田上判決）

## 意外な実行犯

今回、野村総裁、田上会長そして菊地理事長ら工藤會最高幹部らが逮捕されたのは、私が工藤會対策から外れた後のことだ。したがって、具体的な捜査の状況は分からない。ただ、特に平成十五年以降、福岡県警の工藤會対策がより一層強化された結果、様々な情報も入手できるようになっていた。

工藤會は表向き「警察との接触禁止」を徹底していた。このため暴力団対策法制定以前のように、捜査員が暴力団事務所等に立ち寄り「情報」を入手するといったことはできなかったし、行いもしなかった。だが、暴力団員とはいえ一人の人間だ。彼らの多くは何らかの問題や悩みを抱え、非行や犯罪に走り、社会から落ちこぼれていった。それを拾い上げたのが暴力団であり、工藤會も正にそうだった。

彼らは違法、不当な行為によって資金を得ている。「あらゆる法令の活用」を行い暴力団を検挙するのが、福岡県警の言わば伝統だ。優れた捜査員は逮捕した暴力団員に対し、事件の取調べだけではなく、その生い立ちや悩みなどにもしっかりと耳を傾ける。そして、悪い点

「頂上作戦」で野村総裁の自宅へ入っていく捜査員たち

は悪い、良い点は良いとはっきりと指摘もする。

その結果、多くの場合、彼ら暴力団員が服役し出所した後、あるいは処分保留、罰金等で釈放された後も、その捜査員との人間対人間の関係は続く。

特に平成十八年以降は工藤會組員や親交者に対する職務質問も徹底して行った。これにより、彼らの使用車両、交友関係等についての情報も積み重なっていった。

私が久留米署長に異動した平成二十五年三月の段階でも、元警部事件や女性看護師事件、その他の襲撃事件について、事件に関与した工藤會組員らを絞り込んでいた。そのほとんどは、野村総裁、田上会長、菊地理事長が歴代組長を務めた田中組の幹部や組員、あるいは田中組の流れを引く田中組一門と呼ばれた組の幹部や組員だった。彼らの通話記録や通話時の位置情報等も裁判官の令状を得て差し押さえていった。

後日、多くの事件が検挙され、その実行犯や共犯者の中には既に有罪が確定しているものも多い。

ただ意外だったのは、襲撃事件実行犯の多くが、田中組内でも上位の幹部だったことだ。正直なところ、当時は、それら上位の幹部はあくまでも指示者で、より下位の幹部や組員が実行犯だと目星を付けていた。実際には、彼らは犯行使用車両等の入手・処分、被害者等の見張り役、実行犯の送迎役や犯行に使用された凶器等の準備・処分役にすぎなかった。

そして、検挙された彼らのほとんどが、自らの犯行を認め、自分らに犯行を指示した上位幹部についても供述している。

## 実行犯らの自白

野村総裁らの検挙に先立ち、福岡県警は、一連の事件に関係する田中組幹部、組員らを何らかの犯罪で次々に検挙していった。

既に異動になっていた私は、それらの検挙状況を見て、捜査が進んでいることを感じていた。ただ、当時は、その捜査が野村総裁、田上会長にまで及ぶこととまでは思いもしなかった。

検挙された田中組員あるいは田中組一門と呼ばれた瓜田組などの組員の大半は複数の事件に関与していた。その中には、女性看護師事件や暴力団排除標章掲示店舗の女性経営者襲撃事件等の女性が襲撃された事件も含まれている。

立前とはいえ、「女子供には手を出さない」のがヤクザを自称する暴力団のはずだ。その立前と工藤會の現実との差、工藤會への失望が、彼らが事件に関する供述をしてくれた背景にあると思う。彼らは、有罪となりほとんどの者が長期の懲役が確定している。そして多くが工藤會を離脱している。

元警部事件、看護師事件そして歯科医師事件の三件に深く関わっていたのが、田中組々長付の中田好信だった。中田は、元警部事件と歯科医師事件では実行犯だった。

組長付は田中組長である菊地敬吾の付き人的存在だ。言わば組長のお気に入りだ。

中田は、野村総裁らの判決に先立ち、平成二十九年十二月に福岡地裁で懲役三十年を宣告された。上告したが、平成三十年七月に控訴を棄却され服役した。

中田は野村総裁らの公判でも証人として証言している。

## 元警部事件

事件が発生したのは平成二十四年四月十九日だが、同年三月末、田中組若頭・田口義高がH元警部の行動確認を複数の田中組員に命じている。そして事件の具体的な取りまとめを行ったのが、当時田中組若頭補佐だった中西正雄だった。田口が看護師事件後、逮捕、起訴されたため、中西は田中組の実質ナンバー2である本部長に昇格している。

関係した多数の組員が中西や田口の指示命令について供述している。このため、田口、中西両名とも、自分らの行為については渋々認めている。ただし、二人とも親分である菊地敬吾以上については口をつぐんでいる。

中西の指示で複数の組員がH氏の顔を覚え、H氏が徒歩で自宅近くのJR駅から通勤していることを掴んだ。

事件の二週間ほど前、田口は中田に仕事があると伝えた。それが元警部事件だった。

事件の二日ほど前、中田は中西が運転する車に田口と同乗し、ある人物を襲撃するよう指示された。そして、犯行現場、逃走経路、送迎役との落ち合う場所等を案内された。

事件前日、田口は中田に明日銃撃を実行するよう命じ、相手がH元警部であることを伝えた。そしてポーチに入ったイタリア製二十五口径自動式拳銃と実包、飛ばしの携帯電話を渡した。そして撃つ時は、相手の足を狙って二発撃て、それが無理なら地面を狙って二発撃てと指示した。

田口の指示は、小倉南区の高速道路高架橋下で行われたが、同行した中西は近くで乗車待機していた。中田は念のため田口の了解を得た後、拳銃に弾を二発込め試し撃ちを行った。

この日、他の組員らは原付バイクを盗み、事件現場近くに運んだ。

中田は韓国やロシアなどで拳銃実射を何度も行っており、射撃には自信があったようだ。

私は警部時代まで、警察署では拳銃指導員をしていた。狙って撃つのであれば二十三メートル先の人の頭ほどの黒点にほぼ全弾を命中させる自信があった。だが、静止した標的に狙いを定めて撃つのとは違い、近距離であっても動いている人を撃つことは難しい。

四月十九日午前七時二分頃、中田はH警部の左大腿部を狙って二発を発砲、更に二、三メートル進ませて路面に向けて一発発砲した。その結果、被害者に約一か月の入院加療を要する重傷を負わせた。

中田は、計画通り付近の川に拳銃を投棄し、送迎役と合流した。田中組員らは役割分担に従い、バイクの投棄、中田の着衣、ヘルメット等を処分した。拳銃については中田の供述により後日、発見している。元警部事件後、全国警察から機動隊員の応援を受けたが、バイクは熊本県警の機動隊員が発見してくれた。

四月末頃、田口は田中組本部事務所で中田に対し、茶封筒に入った新券の一万円札五十枚を渡した。「こんなん、もらうためにやったんじゃありません」と中田は一度は返したが、田口は「いいから」と胸ポケットに入れてきたという。

中田は、菊地敬吾の組長付として菊地の金銭の管理も行っていた。封筒入りの現金を受け取る前、菊地の財布から五十万円が減っていた。そして現金入り封筒を中田に渡す直前、田口は組事務所会議室で菊地と二人で話していた。

工藤會の組織的襲撃事件や発砲事件では、実行犯など関係組員に数十万円の一時金が支給されることが多い。言わばボーナスだ。万が一、その組員が警察に検挙され、懲役に行くような場合は、組員に毎月一定額が積み立てられる。家族がいれば家族にも一定の生活資金が提供されてきた。

## 「シャシャッと刺してくれ」

中田好信は、元警部事件のほか、女性看護師事件では実行犯の送迎役として関与し、歯科医師事件では再び実行犯を務めている。

平成二十六年五月中旬頃、田中組本部長・中西正雄は配下の組員らに歯科医師襲撃を命じた。中西は若頭補佐から本部長に、中田は組長付はそのままだが若頭補佐に昇格していた。

中西は、令和四年九月に一審の福岡地裁で無期懲役の判決を下された。他の組員のほとんどが犯行を認めていることから、中西も自らの犯行は認めざるを得なかった。ただ、一連の殺人未遂事件に関しては殺意を否認し、中西に対し指示を行った「上位者」についてはロをつぐんだままだ。

歯科医師事件当時、若頭の田口は勾留中で、中西の「上位者」は田中組々長兼工藤會理事長の菊地敬吾にほかならない。

中西は中田に対し、「仕事がある」と伝えた。事件の三日ほど前には、中田と田中組幹部の丸本木晴を伴い、事件現場となる駐車場、逃走経路等を下見した。

中田に対しては「ある男を襲撃してほしい。尻かももかを五、六回シャシャッと刺してくれ」と指示した。

中田は、野村総裁らの公判でも証言している。

中田は、事件当日、送迎役の運転するバイクで駐車場へ行った。車から降りた相手に小走りで近づいたが、相手が普通の青年だったので、驚いた中田は躊躇し数秒間しゃがみこんだという。

中田は公判で、最初は被害者の右側の尻を狙ったつもりだったが、それ以降のことは覚えていない、前後不覚で心理的に目一杯だったので自分の意思とは違って腰の辺りを刺してしまったと供述している。だが、実際には多数回、胸や腹も刺しており、被害者は命の危険すらあった。

また報酬は「一円ももらっていない」と述べている。それは真実だと思う。組織のために女性や普通の青年すら襲撃させる、そんな工藤會への疑念が強まっていったのではないだろうか。そのような中田に対し、菊地や中西は現金を渡すことを躊躇したのではないだろうか。

公判では、送迎役の元組員も別室から「ビデオリンク方式」で証言している。元組員は事件の約一週間後に田中組事務所で現金二十五万円ほどが入った封筒を、田中組幹部・丸本木晴から受け取ったという。そして、同組員は菊地組長の運転手に抜擢された。

この組員も自らの犯行、自分に指示した直近幹部等についても正直に供述している。この組員、そして中田好信、その他、事件に関与した多くの組員が工藤會を離脱している。だが、中田は懲役三十年、この組員も懲役十八年八月が確定、服役している。

## 女性看護師事件

女性看護師事件は、元警部事件の立証に向けた通信傍受中に発生した。

元警部事件については、工藤會田中組幹部、組員らの関与が徐々に解明されつつあった。それを指示したのは工藤會トップである野村総裁、その命を受けた田上会長以外考えられなかった。捜査の過程で、田中組若頭・田口義高、幹部の中西正雄が具体的な指示命令を行っている可能性が強まった。

それを受けての通信傍受だった。

通信傍受は約一か月行われたが、その最中に、田口義高が、警察署で公務執行妨害を起こし逮捕、勾留されるということがあった。

結果的には、田口は起訴猶予となり釈放されたが、田口不在の間は、中西が実質ナンバー2となった。中西の通話内容を検討すると、誰かを尾行させ、何らかの犯罪を計画しているものと推測された。

そのような中、平成二十五年一月二十八日、福岡市博多区で事件は発生した。事件を防ぐことはできなかった。

その後の捜査により、実行犯の田中組筆頭若頭補佐・大石薫、その他の関係組員が検挙された。大石は懲役十五年が確定している。

私が捜査第四課管理官当時の平成一七年一月、大石を県会議員宅銃撃事件の実行犯として逮捕していた。大石は懲役七年が確定、服役し、看護師事件の前年五月に満期出所していた。以前、大石は、両親については顔も覚えていないと供述していた。一度離婚した後、前回逮捕一年前に現在の妻と再婚し、家族は妻一人だ。情報では、平成二十四年に出所した時に、報奨金として二千万円をもらったとのことだった。

野村総裁らの判決でも触れられているが、実行犯の大石薫は被害者に対し謝罪文を作成し一千万円の賠償金を支払っている。一方、野村総裁らは一円も負担していないようだ。大石が妻と結婚後、一緒に暮らしたのは三年にも満たない。大石はどのような気持ちで犯行に及びそして今どう考えているのだろうか。

この看護師事件では、野村総裁が被害者の看護師に強い不満を抱いたことが犯行理由と認定されている。

判決で明らかにされているように、野村総裁は平成二十四年八月、被害者が勤務する小倉北区の美容クリニックを受診し、事件後も通っていた。受診した理由は亀頭増大手術と陰部のレーザー脱毛である。

当時、野村総裁の掛かりつけの病院等は把握していた。元警部事件被害者が勤務していた総合病院もその一つだ。だが、この美容クリニックは未把握だった。

野村総裁は、手術直後から患部の痛みを訴えクリニックへの問い合わせを繰り返していた。同年十月、二度目のレーザー照射を受けた際、痛みを訴えたところ、担当看護師である被害者から、

「野村さんでも痛いんですか。入れ墨をいれるより痛くないでしょう」

と言われたという。

三日後、予約なしでクリニックを訪れた野村総裁は、対応した被害者の同僚看護師に、「レーザーを当てた部分が炎症を起こしている」、「照射の出力が強かったんじゃないか」、「わざと強く当てたんじゃないか」などと不満を述べた。同僚看護師はネットで調べて野村総裁が工藤會総裁であることを知っていた。

更に不満を述べた後、同僚看護師に「ああいう人にはなったらいけんよ」と言ったという。それを聞いた被害者は、その日の夜に野村総裁に電話をかけ、謝罪している。

被害者は野村総裁に謝罪した上で、「野村さん、風呂なんか入っていないでしょうね」と

炎症の原因について確認した。

公判での被告人質問で、野村総裁は「サウナに入ったよ、と答えると『それはだめですよ。説明書にも書いてあります』と言われました。説明書には入浴禁止と書いてありました」と答え、自分の間違いもあったことを認めている。その結果、「一切わだかまりはなかった」と答えている。なお、野村総裁方にはサウナ室が設置されている。

実際には間もなく、田中組員らが被害者の行動確認等を行っている。同年十一月初め、田中組幹部の中西正雄は、同組幹部の丸本木晴に命じて、受診希望者を装わせて二度にわたり体験施術を受けさせ、被害者の容貌を覚えさせた。そして、丸本や他の幹部らに指示して、被害者の帰宅時間、帰宅経路、自宅等を確認させている。

そして中西は、十二月になると大石に被害者の顔を切って尻を刺すよう指示している。

平成二十五年一月二十四日、中西は、大石が実行役、中田好信がバイクでの送迎役、丸本がJR小倉駅での監視役などと任務を振り分け、襲撃を実行しようとした。だが、用意した盗難バイクを発見できず襲撃は中止となった。

その後も被害者が出勤しなかったり、クリニックを早退したため、襲撃は中止せざるを得なかった。この間、全くの偶然としか言い様がないが、県警は中西と田中組若頭・田口義高の携帯電話に対する通信傍受を行っていた。襲撃事件の直前、一月二十三日、田口は公務執行妨害事件で現行犯逮捕され、その後、勾留となった。

このため、中西の携帯のみに対する通信傍受が続いていた。その通話の中には、何らかの事件を計画していると思われる会話もあった。また中西と田中組々長・菊地敬吾や菊地の秘書との間には、犯行と関係する通話のやり取りもあった。

ただこれらの通話は、通信傍受令状の対象である元警部事件との直接の関係は認められなかった。このため、これらの通話メモ等はその後規定通りに処分された。だが、その後、裁判所の手続を経て、これらの通話記録が看護師事件の証拠として使えるようになったのだった。

犯行自体には飛ばしの携帯（他人名義の携帯）が使用されていたが、犯行と関連するやり取りが記録されていた。

犯行翌日の一月二十九日、事件に関与した組員らに菊地敬吾から、中西を通じて少額の報酬が渡された。犯行使用バイクを盗んで準備したのは、田中組一門と呼ばれる田中組系列の工藤會瓜田組員だった。

通話記録には、中西と通話を替わった菊地理事長と思われる人物と、瓜田組々長・瓜田太とのやり取りもあった。

その通話は菊地理事長が瓜田に、バイクを準備した瓜田組員は二人なのかと確認する内容だった。実際にはバイクを盗んだのは一人だったので、確認後、その一人に十五万円入りの封筒が渡された。

瓜田組々長・瓜田太

これらの通話記録は、菊地理事長と瓜田組長の事件への関与を裏付ける間接証拠の一つとなった。

# 第三章
# 「頂上」への道

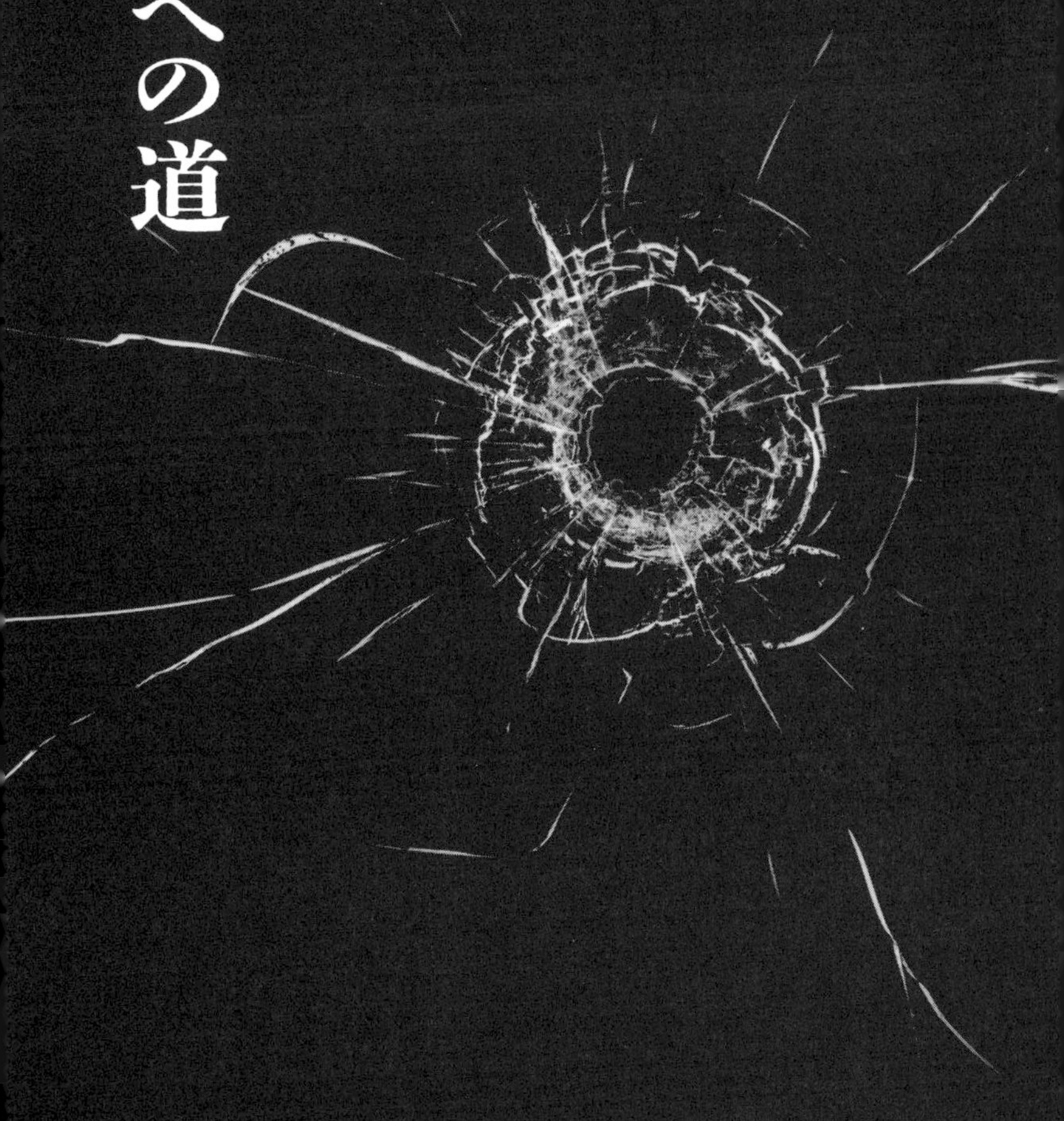

# 一　野村総裁の絶対性

## 総裁「引退」の真相

野村総裁、田上会長の一審判決で、この二人の有罪が認められたのはなぜだろうか。

何よりも、暴力団組織全般に共通するが、特に五代目工藤會で顕著な理由がトップの絶対性だ。田上会長は野村総裁に、そして菊地理事長は同様に野村総裁、田上会長に絶対忠誠を捧げている。

かつて工藤會の総裁は名誉職だった。初代から三代目まではそうだった。三代目の溝下秀男《みぞしたひでお》総裁とは一度、直接会って話もした。重要事項については事前・事後に報告を受けているようだったが、工藤會の実質的な運営は当時の野村会長に一任していた。

ただ、五代目体制では違った。

判決でも触れられているが、その一つが五代目継承式の一場面だ。

五代目工藤會継承式

平成二十三年（二〇一一年）七月十二日、工藤會本部事務所である工藤會会館で、工藤會五代目継承式が開催された。友好関係にある住吉会、太州会、道仁会、熊本會（熊本県）の各会長が出席し、媒酌人として儀式を取り仕切ったのが的屋系の丁字家会《ちょうじやかい》・吉田五郎会長だ。

吉田会長は、六代目山口組継承式など他の暴力団の継承式等も執り行っている。

この五代目継承式については工藤會側がビデオを作成しており、私も後日確認した。

極めて異例だったのが、儀式最後の吉田会長の口上だ。

継承の盃が終了した段階で、先代と代目を継承した当代とが左右の席を入れ替わるのが通例だ。

六代目山口組継承式でも、神座右側に座っていた五代目・渡邊芳則《わたなべよしのり》組長と、左側に座っていた六代目・司忍《つかさしのぶ》こと篠田建市《しのだけんいち》組長が席を入れ替わっている。

ところが五代目工藤會継承式では、吉田会長は次のように口上を述べた。

「盃事が相済みますれば、本来なれば席が入れ替わるわけでございますが、野村殿は引退ではございません。総裁と合いなられましたので、席改めはございません。なにとぞご了承のほどお願いを申し上げます」

野村総裁は引退ではない。工藤會トップから退いた訳ではない、という宣言だ。

暴力団は、毎年十二月十三日に「事始め」という新年会を開催するのが通例だ。

この五代目継承後の事始め式のビデオでも、野村総裁は当代である田上会長の前を歩き、幹部組員が両名へ挨拶する際も、司会者は「総裁、会長」と総裁を頭に置き、野村総裁が上位者であることを明確にしていた。

野村総裁が三代目溝下会長から四代目会長の座を継承した当時から、小倉北区熊谷にある野村総裁の自宅は「本家」と呼ばれて神聖視されていた。

田中組のみならず二次組織の多数の組員が二四時間交代制の当番、あるいは部屋住みとして身の回りの世話を行っていた。そしてその費用は、代替わり後も工藤會事務局から支出されていた。そして、田上会長や菊地理事長以下の執行部など主要幹部は、総裁へ毎朝の挨拶をするためだけに本家を訪れていた。

では四代目当時、溝下総裁への対応はどうだったか。溝下総裁の小倉北区の自宅は「山」と呼ばれていた。多分、住宅街の奥、山裾にあったからだろう。部屋住みと呼ばれる組員が詰めていたが、それは溝下総裁が初代を務めた極政会系の傘下組織の組員がほとんどだった。

溝下総裁存命中は、野村会長、田上会長がやはり挨拶に訪れていたが、極政会系以外の他の組長連中が訪れることはまずなかった。

本家二階は野村総裁の寝室等の私的空間だった。

三代目会長・溝下秀男

広大な敷地を持つ野村総裁の自宅

ここに上がることができたのは、田上会長や野村総裁お気に入りの組幹部、組員のみだった。それは野村総裁が四代目会長当時から変わりなかった。

そして、田上会長は本家敷地内に使用車両を入れていたが、菊地理事長は入り口前の路上で降車していた。私は見たことがないが、菊地は手前路上で下車すると、走って本家に向かっていたようだ。

朝、野村総裁が二階から階段を下りてくると、菊地理事長以下の幹部は一階廊下に正座して出迎えた。

私が野村総裁と会話したのは四代目会長当時の平成一五年、野村会長の本家を捜索したときだ。野村会長が下りてくると、その場にいた組長らが慌てて正座したのに驚いた記憶がある。

## 野村総裁による絶縁処分

看護師事件に関連し、公判において野村総裁は「私がお世話になっている看護師に危害を加えるのはとんでもない」と語っている。

更に、事件に関与した組員らについて、「ちょっと許し難いようなものがありますね。何の理由もなく他人を傷つけることは許せません。まして世話になっとる看護師を。通り魔以下の事件です。許せんです」、「組員が通り魔をすれば処分になる。看護師が被害者であれば、世話になっとる人ですから、これは絶対に処分の対象になると思います」とまで語っている。

しかし関係組員の処分については、「私には権限はありません。工藤會の執行部が考えると思う」と述べている。

野村総裁の絶対性を示す出来事の一つが五代目工藤會執行部慶長委員長・徳田弘（仮名）組長の絶縁処分だ。

執行部とは暴力団組織で、トップに次ぐ地位にあり、具体的な組織運営を行う最高幹部会メンバーのことを指す。だが、執行部がトップの意向に背いて何かをやることなどあり得ない。

五代目継承後の工藤會年賀状等では、先頭別枠に総裁・野村悟、次に会長・田上文雄（田上不美夫会長の稼業名、暴力団社会での通り名）と続く。そして会長代行・本田三秀、理事長・菊池啓吾（菊地敬吾理事長の稼業名）、最高顧問、総本部長、幹事長、組織委員長、風紀委員長、懲罰委員長、渉外委員長、総務委員長、事務局長、理事長補佐と続く。理事長補佐は二人いてその一人は田中組一門の瓜田組々長・瓜田太だ。

工藤會では、総裁、会長と名誉職の最高顧問を除く、理事長補佐までが執行部だ。理事長よりも会長代行の方が上位とされるが、名目的なもので、実際には会長の次は理事長だった。以前は執行部に慶弔委員という役職もあった。それが徳田組長だった。

そして、工藤會の場合、事始め式で軍配貸与と呼ばれる儀式があり、田上会長から菊地理事長に軍配が渡されていた。新年度の工藤會の運営を理事長以下執行部に任せる意味だが、あくまでも表向きのことにすぎない。

五代目継承式の二日後の平成二十三年七月十四日、野村総裁、田上会長、以下執行部の面々

が、東京の住吉会総裁宅、稲川会等の主要団体へ挨拶に出向いた。

相手側への紹介、口上を述べるのは、慶弔委員長の徳田組長の役割だ。ところが住吉会総裁宅で、徳田組長が野村総裁を紹介することを失念してしまったのだ。

野村総裁は激怒し、他団体への挨拶に同行せず先に帰県してしまった。残りの団体への挨拶は田上会長以下が行った。

徳田組長は、草野一家極政会系、しかも工藤会と草野一家の抗争の最大の原因となった初代田中組々長・田中新太郎殺害事件実行犯の一人だ。初代田中組員だった野村総裁にしてみれば、言わば親の敵だ。

徳田組長は田中組長殺人事件で服役した後、親分である溝下総裁の抜擢で、工藤會二次組織である徳田組々長となった。そして、更に最高幹部会である執行部の一員となっていたのだ。

福岡では、暴力団が組織のために襲撃事件や銃撃事件等を行うことを「ジギリ」と呼んでいる。溝下総裁存命中は、徳田組長のようにジギリ事件を起こし長期服役した組員の多くが二次組織の組長、更には執行部入りしていた。会長代行の本田組長や懲罰委員長・山本峰貢組長や理事長補佐・山下義徳組長らもそうだ。

徳田組長は実直な性格で、田上会長もその人柄を評価していた。住吉会総裁宅で野村総裁の紹介を失念したのも恐らく緊張の余りの出来事だと思う。田上会長は徳田組長に厳しく注意はしたが、謹慎処分とするつもりだったようだ。

田上会長ら執行部メンバーが、翌日以降も山口組など他団体への挨拶を続ける中、徳田組長の姿はなかった。七月十四日付けで工藤會総裁・野村悟名で徳田組長の絶縁状が他団体へ発出された。

暴力団の追放処分には破門、絶縁がある。破門は復帰もあり得るが、絶縁は永久追放を意味する。野村総裁の怒りの強さを感じる。そして、この野村総裁個人の怒りが、元警部事件、看護師事件の大きな原因だと思う。

絶縁も破門も、時に組長名などその団体のトップ名義で行われることもあるが、暴力団組織の最高幹部会である執行部名で行うのが通例だ。総裁・野村悟名義で絶縁通知を発出したということは、野村総裁が実質トップだということを意味している。

## 被害者が刺されたことを知っていた

看護師事件は、工藤會理事長兼田中組々長・菊地敬吾以下の田中組幹部及び組員と、田中組系列で田上会長の弟分的な存在である工藤會理事長補佐兼瓜田組々長・瓜田太とその配下組員一名が関与している。菊地理事長は執行部トップで瓜田組長も執行部メンバーだ。

そして直接、組員らを指揮したのは、当時、田中組の実質ナンバー2だった田中組本部長・中西正雄だ。

菊地理事長、瓜田、中西に対し福岡地裁は無期懲役の有罪判決を下している。

菊地理事長と瓜田は完全否認を続けている。中西は自分が組員らに指揮命令した事実は認めている。一方、自らの不利益となる殺意や故意などは否認し、菊地理事長以上の上位者の具体的指揮命令等は黙秘している。

田中組ナンバー2の若頭・田口義高については、恐らく令和五年半ばには判決が下されるだろう。田口も中西同様、上位者については黙秘しているが、自らの行為についてはやはり概ね認めているようだ。

田口や中西が少なくとも自らの関与を認めざるを得ないのは、関係組員や事件に関係した親交者らの多くが事実関係や田口、中西らの関与を認めているからだ。そして、組員らの供述に基づき、未発見だった盗難バイクや犯行に使用された凶器等が発見、押収されている。それは、関係組員らの供述の証明力をより確実なものにしている。

この看護師事件では、菊地敬吾以下の関係組員らは、一人を除いて、全く被害者との接点がない。唯一接点があったのが田中組幹部・丸本木晴だ。だがそれは、中西の指示により、被害者の容貌を確認するため、わざわざ体験施術を受けたことによる。丸本はその後、帰宅する被害者の尾行を行い、新幹線でＪＲ博多駅から小倉駅まで通勤していることを確認にしている。

事件二日後の平成二十五年一月三十日、野村総裁はレーザー脱毛施術を受けるため、被害者勤務先のクリニックを訪れている。担当看護師である被害者は重傷を負い入院している。

事件について、福岡県警は報道発表しているが、被害者氏名は一切公表しておらず、報道各社も報道していない。

被害者に代わって同僚の女性看護師が野村総裁を担当した。同僚看護師は以前、野村総裁についてネットで調べ工藤會総裁であることを知っていた。そのため、野村総裁の対応には細心の注意を払ったという。

看護師が、被害者が入院したことを伝えたところ、野村総裁からどうしたのかと聞かれた。事件に遭ったことは伝えてはいけないと考え、「事故に遭って」と答えた。

すると野村総裁は、「どこで」、「いつ」などと質問を繰り返した。隠しきれないと思った看護師は「事件に遭って」と答えた。すると野村総裁は「刺されたんか」と更に質問したという。

その言葉を聞いた看護師は、なぜ知っているのかと頭が真っ白になったという。

公判で「一切わだかまりはなかった」と答えた野村総裁だった。だが、公判で証人として証言した同僚看護師によると、被害者が事件に遭ったことを知った野村総裁は淡々とした口調で「あの人は刺されても仕方ない」と語ったという。

**元警部事件の原因とは**

元漁協組合長事件の見届け役、古口組々長の古口信一は、犯行使用車両を盗ませた倉本に対し、「親分は怖いけのう、親分は、狙ったら絶対に殺す。桃田の時もそうやったろうが。それで、今回の梶原のときもそうやろうが。工藤會は、狙ったら何年経とうと必ず殺す。事件が起きてすぐじゃなくて、半年、一年後とか、ほとぼりが冷めて殺すから、もしこのことを話したら、必ず親分は俺も殺すやろう」と話している。

親分とは当時、三代目田中組長だった野村総裁のことだ。

女性看護師事件そして元警部事件いずれも最大の原因は野村総裁のプライドが傷付けられたことだろう。古口は正にこれらの事件を言い当てている。

公判でも触れられているが、福岡県警捜査第四課が平成十五年に野村会長本家（当時）を捜索しようとしたところ、組員が門を開けず、警察官と組員との間で押し問答となった。その時、捜査担当でないH氏が後からやって来て、工藤會最高顧問と話をして門を開けさせたという。

この年の二月に、恐喝事件で服役していた田上会長が出所し、四代目田中組長を継承し、工藤會理事長に就任した。この捜索時の出来事は田上会長出所以前のことだ。

それまでも工藤會は「警察との接触禁止」を組員に指示していた。だが、警察との窓口も設けていた。それがH氏と最高顧問だった。最高顧問はH氏のことを「兄弟」と呼んでいた。

だが、田上会長は理事長就任後、県警との唯一の窓口も閉鎖したのだった。

私は、その直後の同年三月に初めて工藤會担当となった。間もなく野村会長本家と工藤會本部事務所の捜索差押を実施した。その際、上司である捜査第四課長から厳命を受けたのが、徹底した捜索だった。

裁判官の発出した令状による捜索差押は強制処分だ。令状を示したのに門や入り口を開けないというならば強制的に入るまでのことだ。捜索に際し、北九州地区を担当する警備部第二機動隊に隊員の派遣を要請した。そして、工藤會側が門を開けない場合を想定して、機動隊員を突入させる訓練まで行った。結果的に強行突入の必要はなかった。

会長本家捜索当日、私は捜査員の先頭に立って門の前に立っていた。本家の責任者はたまたま以前から顔見知りのS組長だった。S組長も私のことは覚えていた。

S組長に令状を示し、「令状を見せたけ、取りあえず門を開けてくれんね」私がそう言うとS組長は「わかりました」と言って、組員に命じ電動の門扉を開けさせた。

会長本家二階は、野村会長の寝室やクローゼット等があった。この二階の捜索について、

工藤會本部事務所・捜索差押の様子

田上理事長と一悶着あったが、結局、二階部分も捜索を実施した。

工藤會会長本家が素直に捜索に応じたことにより、工藤會本部事務所の捜索もスムーズに終了した。以後、少なくとも私が工藤會担当当時、工藤會関係の捜索で門を開けない、捜査員を入れさせないなどのトラブルは一切なかった。

警察との窓口を閉鎖後も、本家の捜索や野村総裁行きつけのゴルフ場の視察等をH氏が担当した場合、野村総裁、田上会長とも挨拶と簡単な雑談には応じていた。

その後、H氏は情報収集専門の班長として活躍していただいた。

その中で、工藤會を破門、所払いとなった工藤會元幹部・江藤克二（仮名）と平成二十一年四月、H氏が福岡県外で接触したことがあった。相手は工藤會を追放になった身だ。H氏は野村総裁や田上会長が工藤會の利益を独占していることなどを発言した。実際、その通りだった。

ところが、江藤は、その会話を密かにICレコーダーに録音していたのだ。しかも、破門、所払いの身にもかかわらず、野村総裁、田上会長に御注進に及んだのだった。その功労を認められたのか、江藤はその後工藤會に復帰した。

四月下旬、ゴルフ場で野村総裁らの動向を視察していたH氏に対し、野村総裁が怒った様子で次のように語った。

「あんた、俺に先輩のような物言いをしよるな」、「江藤克二と会うとるな」、「あんた、最後に悪いもん残したな」

野村総裁は、同僚警察官がH氏を呼ぶのをまね「〇〇さん」とH氏を呼んでいた。親しくしていたH氏が、自分の知らないところで批判的な発言をしたのが許し難いことだったのだろう。

「最後に悪いもん残したな」という野村総裁の言葉は、二年後に定年を迎えるH氏への当てつけだろう。

そして元警察官襲撃へとエスカレートした理由の一つに、H氏が北九州市内のある総合病院に再就職したことがあると思う。その病院は野村総裁の掛かりつけだった。

平成二十三年、再就職先の病院でH氏が野村総裁に会った際、野村総裁は、「○○さん、あんた田中組を目の敵にしてたらしいな、あんたが全部田中組の事件をしよったらしいのう、あんたを信用しとったのに、あんたがそんなことしたらつまらんばい、今も刑事のまねしよんな、今も情報を流しよるらしいね」などと怒った様子で言った。

その約半年後にも、野村総裁は同病院に立ち寄ったが、H氏が何の用事で来たかを尋ねると、「気分が悪い」と言ってその場を立ち去っている。

なお、元警部事件に関連し、検察側は田上会長と被害者であるH元警部との確執の一つとして、H元警部の指揮により行われた田上会長自宅の捜索を挙げている。

平成二十二年七月、ある事件で、田上会長の自宅捜索を実施した。私は、工藤會捜査を担当する北九州地区暴力団犯罪捜査課長だった。

現場で捜索を指揮したのがH氏だった。当日、田上会長が不在だったため、H氏は当初捜索を実施せず警察署に引き上げてきた。判決では次のように指摘している。

「Hが上司である課長の指示で再度被告人田上不美夫宅に戻り、被告人田上不在のまま、被告人田上の妻及び菊地敬吾らを立会人として捜索を実施した。差押えの対象物は発見されず、捜索は約二〇分で終わり、Hが警察署に戻ると、被告人田上不美夫からHの携帯電話に連絡があり、被告人田上不美夫は、Hに対し、『家の中をがちゃがちゃにした、引き出しをひっくり返した。』などと抗議した」（野村・田上判決）

この捜索と田上会長からの抗議については、正直、記憶がない。

ただ、逮捕状の執行とは異なり、捜索差押は証拠品押収のために行うものだ。田上会長が不在ならば、判決のように家族やそれに代わる者、あるいは公務員に立会してもらい、速やかに実施する必要がある。当初、田上会長が不在だったから捜索を実施しなかった、というのは理由にならない。

私が速やかに捜索を行うよう「指示」したのは間違いないと思う。

だからと言って、H氏が田上会長の「家の中をがちゃがちゃ」にすることはあり得ない。「引き出し」の中まで調べるのは当然だが、わざわざひっくり返す必要などない。

実際、公判の被告人質問で田上会長は「ぐちゃぐちゃにされることはなかった。いつも紳士的にしてくれていた」と述べている。

自分がいないときに自宅を捜索され、不愉快に思ったかもしれないが、後日、H氏を銃撃させ重傷を負わせた原因としては弱いような気がする。

## 北九州は俺の街

私が平成十五年三月に捜査第四課北九州地区管理官に異動になった際、前任者から野村総裁に関する一つの話を聞いた。

野村総裁（当時は会長）は当時、お気に入りの彼女との逢瀬には、あるホテルの最上階を利用していた。そのホテルの部屋から北九州市の夜景を眺めながら、野村総裁が言った言葉が「俺の街」だったという。

間もなく、この話は都市伝説の類いだと考えるようになった。なぜなら、その場にいたのは野村総裁と彼女だけだからだ。

捜査第四課管理官当時、本家捜索の際に野村総裁と少し雑談を交わしたことがある。その時、野村総裁から「北九州はいいとこでしょう」と言われた。

私は「いいところだと思ってますよ。私は生まれも育ちも北九州だし、今も北九州に住んでいます。ただ、○○○がなければもっといい街なんですけどね」と答えた。

「『ヤクザ』ですか……」野村総裁は苦笑した。

「○○○」は、そのまま「まるまるまる」と言ったが、工藤會のことを指していた。さすがに工藤會会長を目の前にして多少の遠慮があったのだ。

今考えると野村総裁の発言は、領主が他国の者に自分の領地を自慢しているように感じる。

小倉北区の中心に建つ小倉城の城内に八坂神社がある。毎年正月、多数の参拝客で溢れる神社参道を我が物顔で上がってくる異様な集団があった。野村総裁ら工藤會幹部らだ。彼らが何もしなくても参拝客は黙って道を開けた。そして野村総裁らは宮司からその年一番に祈祷を受けるのだ。

野村総裁が北九州を「俺の街」と思っても不思議はない。

ただ、八坂神社は平成二十一年以降、工藤會、暴力団との決別を宣言し、野村総裁お気に入りのホテルも暴力団排除を鮮明にしている。

## 工藤會本部事務所売却

今回の判決で野村総裁が工藤會の実質トップであることを示す一例とされたのが、工藤會会館、すなわち工藤會本部事務所の売却だ。

工藤會会館は、元々、草野一家本部事務所として昭和六十二年（一九八七年）五月に建設された。その所有者は前年の昭和六十一年に設立された有限会社だった。

有限会社取締役は、草野一家総長・草野高明、同若頭・溝下秀男、そして草野の弟の三人だった。

平成元年（一九八九年）一月、草野の弟が取締役を辞任し、工藤連合草野一家若頭だった

工藤會会館（工藤會本部事務所）

溝下が代表取締役に、本部長だった野村総裁が取締役に就任している。取締役だった草野総裁が平成三年に死亡し、以後、取締役は二人となった。

平成十五年二月、田上会長が刑務所を出所し、工藤會理事長に就任した。この頃から工藤會の実質的運営は野村会長、田上理事長が行うようになった。

平成十六年七月、溝下総裁は代表取締役を辞任し、野村会長が代表取締役、すなわち有限会社のトップに就任した。

そして、この時、田上理事長が取締役に就任し、取締役はこの二人となった。このことからも、溝下総裁が実質的な會の運営を野村会長、田上理事長に一任したことが明らかだ。

暴力団排除が進む中、工藤會の強みは、小倉北区のど真ん中に本部事務所を持ち、毎月の定例会や事始め、継承式などの諸行事を本部事務所で開催できたことだ。

工藤會は平成二十四年十二月に、全国唯一の特定危険指定暴力団に指定された。ただ、同時に特定抗争指定暴力団に指定された道仁会、九州誠道会（現・浪川会）と違って、直ちに本部事務所等の使用制限は行われなかった。

野村総裁、田上会長逮捕後の、平成二十六年十一月、福岡県公安委員会は工藤會本部事務所や田中組本部事務所等に使用制限命令を行い、以後、これら事務所の使用ができなくなった。

そして、平成二十九年八月、元漁協組合長事件の遺族、元警部事件の被害者H氏が、野村総裁、田上会長、工藤會田中組若頭・田口義高、同田中組本部長・中西正雄に対する損害賠償請求訴訟を提起した。翌年二月には歯科医師事件被害者からも同様の訴訟が提起された。

更に平成三十年十二月、工藤會側が本部事務所の固定資産税を滞納し続けたことから、北九州市が本部事務所を差し押さえた。

この時、私は福岡県暴力追放運動推進センターの専務理事だった。暴追センターでは一連の訴訟の支援、更には本部事務所の撤去に向け北九州市や県警との協議を進めていた。

平成三十一年四月、福岡地裁は元警部と歯科医師による損害賠償請求を認め、野村総裁らに総額約六四四八万円の支払を命じた。この判決に対し、野村総裁らは控訴した。

このほかにも、野村総裁らに対し複数の損害賠償請求が提起された。一つは平成二十四年八月、暴力団排除標章制度に関連し、工藤會田中組々員らに襲撃され重傷を負ったラウンジ経営者の女性によるものだ。被害者は、野村総裁らに対し、使用者責任に基づく損害賠償請求を提起した。令和四年一月、福岡地裁は野村総裁らに約六一五五万円の支払いを命じた。野村総裁らは控訴したが、令和五年五月、福岡高裁は控訴を棄却した。

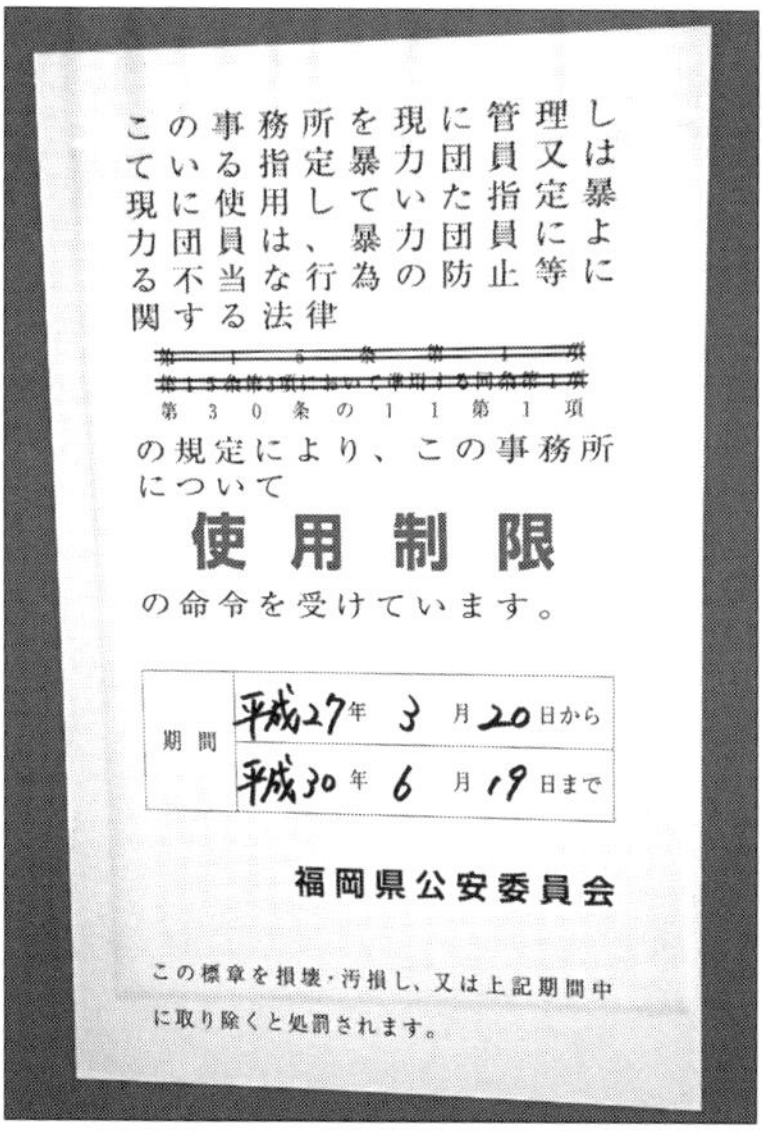
この事務所を現に管理している指定暴力団員又は現に使用していた指定暴力団員は、暴力団員による不当な行為の防止等に関する法律
第30条の11第1項
の規定により、この事務所について
使用制限
の命令を受けています。
期間
平成27年3月20日から
平成30年6月19日まで
福岡県公安委員会
この標章を損壊・汚損し、又は上記期間中に取り除くと処罰されます。

五代目田中組本部事務所に掲示された
事務所使用制限命令

また、一連の損害賠償請求に伴い、野村総裁所有の不動産や預金の仮差押も行われた。

工藤會本部事務所である工藤會

会館は、元々、草野会館だった。草野会館が建設された翌月、草野一家と工藤会が合併し工藤連合草野一家が結成された。工藤会側の野村総裁には工藤會会館に対する思い入れは余りなかったと思う。

判決後の令和元年六月、インターネットの不動産サイトに、工藤會会館を一億四〇〇〇万円で売却希望との記事が掲載された。

同年九月、暴力団対策に積極的に取り組んでいた福岡市の企業が、一億円なら購入しても良いと手を挙げてくれた。

九月下旬、北九州市、暴追センター、工藤會、会館の所有者である有限会社の間で、協議がととのい覚書を交わした。そして必要な手続を踏み、十一月、北九州市、暴追センター、有限会社、工藤會の四者間で正式の契約を交わした。

契約を交わした有限会社代表者は野村悟、そして工藤會代表者は総裁・野村悟、会長・田上不美夫の二人だった。総裁、会長から工藤會の運営を一任されているはずの執行部の名はどこにもなかった。また、事前の協議、覚書や契約書の締結は、野村総裁ら側の弁護士を通じて行い、そこにも執行部は一切登場しなかった。

売買価格は一億円だった。固定資産税滞納額、解体費用等に約六〇〇〇万円が必要で、残り約四〇〇〇万円を工藤會による被害者への弁償金等に充てるという内容だ。

ただし、野村総裁らは自らの刑事責任を認めた訳ではない。あくまでも「工藤會」による被害者への弁償金等に充てるということだった。

令和元年十二月、元警部の損害賠償請求について、福岡高裁は野村総裁らの控訴を棄却し、賠償請求が確定した。

令和二年二月、工藤會会館の解体が完了した。跡地については暴追センターに一旦移転登記し、即日、購入希望の企業に移転登記した。一旦、暴追センターに移転登記したのは、購入企業が工藤會と何らかの関係があるなどの誤解を避けるためだ。

工藤會本部跡地は、後日、この企業からＮＰＯ法人抱樸に売却された。

この工藤會会館売却成立の結果、野村総裁らは歯科医師と和解し、控訴を取り下げた。そして同年末までに歯科医師、元警部に対する賠償金全額の支払を完了した。

今回の判決が着目したのは、野村総裁が工藤會本部事務所売却を決定し、自らの損害賠

工藤會会館取り壊しの様子

償請求訴訟の賠償金の一部に充てたという点だ。工藤會の象徴とも言える本部事務所の売却を決定した、それは当代の田上会長ではなく、會の運営を任されているという執行部でもなく、野村総裁だった。

工藤會四代目を野村会長に継承した溝下総裁は、平成十八年二月に総裁職を辞し「御大」を名乗ったが、既にその二年前には工藤會会館を所有する有限会社の取締役を辞任している。

代わりに野村総裁が代表取締役に就任した。だが溝下総裁とは違って、野村総裁は平成二十三年に五代目会長を田上会長に譲った後も代表取締役に止まり続け、工藤會会館の売却を決定している。

## 二・三・三・一　トップへの金の流れ

### 脱税事件

元警部事件、看護師事件については、最大の理由は野村総裁のプライドが傷付けられたことだろう。判決では認められなかったが、元警部事件では警察、市民への威嚇という点もあると思う。

では、元漁協組合長事件と歯科医師事件の理由は何だろうか。

最大の理由は、工藤會トップである野村総裁への金の流れだと思う。

平成三十年（二〇一八年）七月十八日、野村総裁と工藤會総務委員長・山中政吉の二人に対し、福岡地裁は所得税法違反事件、つまり脱税で有罪の判決を下した。山中は工藤會、何よりも野村総裁の金庫番だ。野村総裁は懲役三年及び罰金八〇〇〇万円、山中は懲役二年六月の実刑判決だ。

この判決を下したのも野村総裁、田上会長の一審判決と同じ足立勉裁判長だ。

野村総裁の平成二十二年から二十五年の実際の所得は約十二億四四八〇万円だった。本来なら約三億五五八〇万円の所得税を納める必要がある。だが税務署に申告した所得は約一億三五六〇万円、納めた税金は約三三三〇万円だった。

野村総裁は、駐車場経営者を名乗っていた。実際に駐車場を経営している。そのほとんどは、小倉北区の繁華街紺屋町《こんやまち》にある。田中組も紺屋町に紺屋町支部事務所を置いていたが、この事務所敷地を含め、その周辺の一角を野村総裁は所有していた。

そして駐車場の収入だけで、多いときは二〇〇〇万円近くの収入を得ていた。

野村総裁と山中が申告していたのは、その駐車場収入や不動産を売却して得た収入だったのだ。

私が工藤會対策を担当している当時も、それらの収入は把握していた。しかし、山中政吉が管理していた野村総裁の口座には、毎年億単位の金が積み上がっていった。

野村総裁の最大の収入源、それは地元対策費とも呼ばれたみかじめ料だった。

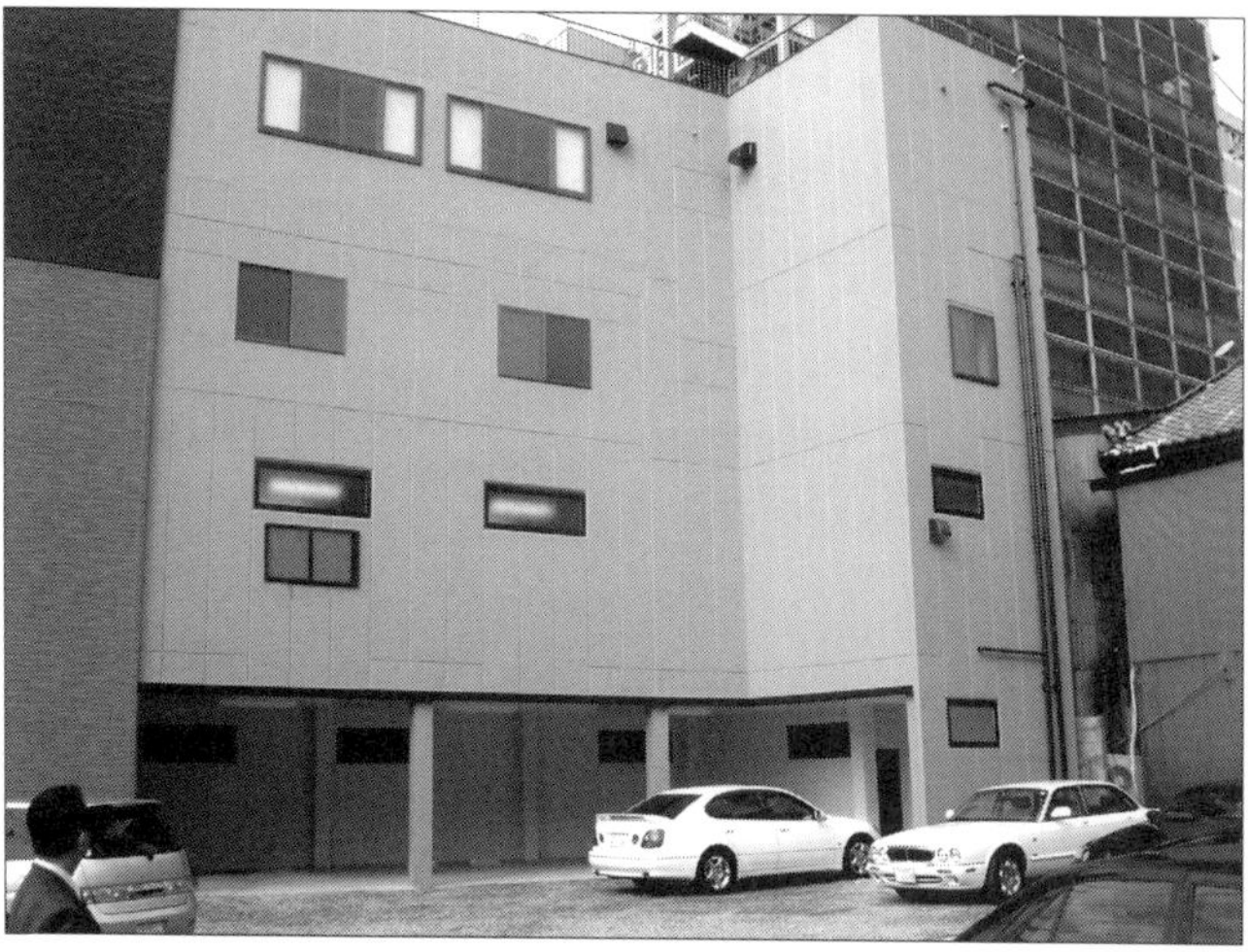

五代目田中組紺屋町支部事務所

## 地元対策費

工藤會は、昭和六十二年に工藤会と草野一家が合併し、工藤連合草野一家を結成し、北九州地区をほぼ自らの勢力下に置いた。これ以降、工藤會の意に沿わない企業や事業者に対しても、発砲事件や放火事件を繰り返してきた。そして、工藤會の恐ろしさを事業者や市民に思い知らせたのが、元漁協組合長・梶原國弘氏殺害事件だった。工藤會に逆らえば最後は殺される。

以後、北九州市やその周辺で大型工事を行う場合、工藤會へ地元対策費とも呼ばれた上納金が流れるシステムが完成した。

私が担当していた当時、建築が一%、土木が一・五%から二%、解体工事が五%と言われていた。そして、その金を用意するのが工藤會の息のかかった地元建設業者だった。結果的に、彼ら工藤會関係企業は他の真面目に営業している多くの業者を押しのけ、次々と大型工事の下請を受注していった。

一部ゼネコンもそれを承知の上で、工藤會関係企業を下請に入れた。そうすれば、決して北九州地区で大きなトラブルが発生しないからだ。

このため例えば十億円の大型建築工事があれば、その一%の一千万円を工藤會関係企業が架空工事等で捻出し、知り合いの組長クラスや工藤會親交者を通じ工藤會へ上納するのだ。

野村総裁が三代目会長を継承した頃、工藤會による地元対策費集金システムが完成した。それが「三・三・三・一」の分配方式だった。

地元対策費の集金方法は幾つかあり、一つは建設業者等から地元対策費を受け取った傘下組織の組長や親交者が上納する方法だ。もう一つは、大型工事を受注した工藤會関係企業が直接上納する方法だ。

平成十五年二月、田上会長が出所するまでは、野村会長が直接、地元対策費を受け取っていた。田上会長が出所し、工藤會理事長となった以降は、田上会長が受け取るようになった。

三・三・三・一

野村総裁らの脱税事件判決、そして今回の元漁協組合長事件等の判決でも触れられているのが、地元対策費の分配方法だ。

大型工事の地元対策費を野村総裁に直接納めていた元工藤會藤木組親交者のM氏、あるいは元工藤會幹部K氏が公判で証言している。

M氏は、元々、藤木組々長・藤木信二の企業舎弟だったが、野村総裁の信頼も厚く、野村総裁の家族の不動産購入なども直接手伝っていた。

M氏の場合、藤木組長が得た地元対策費を現金で野村会長に直接手渡していた。その際、銀行の帯封は外し、輪ゴムで百万円単位にして、手提げ袋や紙袋に入れ会長本家に持参していた。金の受け渡しは野村会長本家の応接室で行われた。

野村会長はM氏の目の前で、「この一割が工藤會のやけの。この三割は総裁のやけの。これは俺ので、これは藤木のやけの」などと言いながら、現金を四つの山に分けていた。このときの総裁は溝下総裁で、溝下総裁の家が小倉北区の山裾にあったので「山」と呼ぶこともあった。

この分け方についてはK元幹部も証言している。

地元対策費は三、三、三、一に四分割して、その内、溝下総裁と野村会長の分がそれぞれ三割、藤木組長ら地元対策費を業者から受領した者の取り分も三割だ。そして、残りの一割が工藤會の運営費に充てられた。

M氏の場合は、藤木組長の分の三割を野村会長から持ち帰って藤木組長に渡した。残りの七割分は、別室で待機していた山中総務委員長が受け取り、必要な分配と管理を行った。

田上会長が理事長就任後は、地元対策費を受領した組長らの分三割を、田上理事長と組長とで半分に分けるようになった。また、野村会長に代わって田上理事長が地元対策費を受領し分配するようになった。だが、溝下総裁と野村会長の受領額三割は変わらなかった。

溝下総裁、野村会長、そして工藤會の運営費については、山中政吉家族名義の複数の金融機関口座で山中が管理していた。当時もこの口座について把握していたが、億単位の金の動きがあっても、それだけでは事件化はできない。脱税を立件しようとすれば、いつ、どのような所得であるかを立証しなければならないからだ。

今回の判決では、少なくともK元幹部やM氏が受領し、野村会長に提供し、分配した金に相当する金の動きが、これらの口座で確認されている。そのほかにもパチンコ店開店に伴い四〇〇〇万円を工藤會に支払った人物なども証言している。また山中政吉が残していた野村総裁に関連するメモ等が、脱税事件の立証に役立っているようだ。

これらの証拠の積み重ねで、山中の家族名義口座の一部が野村総裁個人の資金口座だと特定している。

平成二十年七月、溝下総裁が死亡した。以後、溝下総裁分の三割は野村総裁側に流れるようになったようだ。

この頃、梶原一郎氏が経営する港湾工事関連企業、そして上野義夫氏が経営する港湾建設会社は北九州地区でトップクラスの売上高だった。もし、梶原氏、上野氏が野村総裁、田上会長に屈服していれば、野村総裁らには更に多額の地元対策費が流れるはずだった。

## 工藤會関係企業取締り

警部補時代最後に、私は捜査第四課勤務となった。その後、暴力団対策に長く関わることとなった。そして当時としては異例だが、警部時代までは暴力団取締りではなく、暴力団排除（暴排）や指定暴力団の指定作業、事件以外の情報分析を担当した。

平成十年（一九九八年）四月に警察庁から福岡県警に復帰後は、県警本部暴力団対策課で暴排業務全般を担当した。

福岡県、特に北九州市は県警と連携し、それ以前から、公共工事からの暴力団排除に積極的に取り組んでいた。北九州市発注の大型工事に際しては、関係企業を集め、北九州市や県警幹部が出席し、暴力団排除のための会議が開催され、企業の代表が暴力団排除宣言を行うのが通例だった。また、大型工事を受注する大手建設会社、ゼネコンも暴力団排除を打ち出すようになっていた。

実際には、このとき既に、公共工事を含む大型工事には工藤會関係企業が介入し、地元対策費と称するみかじめ料が工藤會に流れるシステムが完成しつつあった。だが、関係企業からそれに関する具体的情報提供は皆無と言って良かった。

この金の流れに気付いたのは、平成十五年三月に捜査第四課管理官として、工藤會取締りを担当するようになってからだ。

この頃、ゼネコンや地元企業の中に工藤會との関係を絶とうとする動きが出てきた。それに対する工藤會の答えが、それら企業への連続発砲事件だった。

工藤會関係の建設業者は、工藤會の威力を背景に、多くの大型工事を受注し利益を上げていた。一方、工藤會との関係を絶とうとする業者は、工藤會の報復を恐れていた。暴力団排除を訴えるだけでは、このシステムを破壊することは困難だった。

福岡県警は平成十八年三月、北九州地区暴力団総合対策現地本部を設置、更に工藤會取締体制を強化した。その時、工藤會関係企業に対する情報収集、取締り体制も強化した。

平成十五年（二〇〇三年）二月に田上会長が工藤會理事長に就任後は、田上理事長自らが関係企業を取り仕切った。当時、それら建設業者が七社だったことから、七社会と呼ばれていた。間もなく八社会、更には十社会と参加企業は増えていった。

内偵捜査の過程で、その代表企業の経営者と田上理事長が密かに接触したのを確認したこともあった。経営者が一人で車を運転し、市内の人気のない場所で、やはり一人で駐車中の車に乗っていた田上理事長に何か紙袋を渡した。恐らく地元対策費としての現金が入っていたのだろう。ただ、これだけでは事件化は無理だ。

現地本部設置時には、工藤會関係企業は二、三十社に膨らんでいた。新設した企業情報班が、これら企業経営者にも直接接触し、徐々に確実な情報を入手できるようになってきた。

また、現地本部には、捜査第二課特捜班も配置され、二課の特捜と四課の資金源担当特捜班とが競うように、工藤會関係企業を摘発していった。談合、建設業法、廃棄物処理法、使える法律は何でも活用した。

その捜査の過程で、国税当局とも緊密な連携を図り、一部企業の脱税も明らかにした。それらの金は工藤會に流れていた。具体的な社名等は控えるが、工藤會関係企業の脱税に対し、国税当局は実際に数億円を追徴した。

現地本部の資金源対策が軌道に乗るにつれ、工藤會と関係の深い業者からは次のような言葉が聞こえるようになった。「工藤會は命を取るが、警察は会社を潰す」。

県警は決して真面目な業者を目の敵にしていた訳ではない。一方、警察に摘発された後、それを期に工藤會との関係を絶とうとする業者も出てくるようになった。企業情報班は引き続きそれらの業者との接触を続けた。

## 工藤會からの報復

この頃になると、大手ゼネコンにも暴力団との関係を絶とうとする動きが強まってきた。平成十八年七月九日、小倉北区の大手建設業者の九州支店に拳銃が撃ち込まれた。二日後の十一日には、門司区の建設会社事務所がやはり拳銃を撃ち込まれた。建設業者への襲撃は更に続き、地元業者だけではなく元請けのゼネコンが狙われるようになった。

十二月四日の早朝、福岡市中央区で清水建設九州支店が入居するビルに拳銃弾六発が撃ち込まれた。翌五日深夜、やはり福岡市中央区で熊谷組九州支店へ、そして小倉北区の地元建設会社と淺沼組北九州営業所が銃撃を受けた。更に平成十九年一月には、八幡西区マンション建設現場が放火された。二十五日には小倉北区の不動産会社、翌二十六日には小倉北

銃撃された西部ガス本社ビル

区の新築ビルに銃弾が撃ち込まれた。このビルは清水建設と地元建設業者が西部ガスから受注し、数日後には引渡し予定だった。二月二十八日未明、福岡市博多区の西部ガス本社ビルに拳銃弾二発が撃ち込まれた。

いずれの事件も工藤會関与と見られたが、捜査は難航した。北九州地区での工藤會組員の実態把握は着実に進んでいたし、ある程度の協力者も獲得していた。だが、現地本部はあくまでも北九州地区の現地本部だ。福岡など他の地区で発生した事件捜査は捜査第四課の福岡地区各班が担当した。

更に、平成十八年五月、久留米の道仁会が、三代目会長継承問題から分裂し、福岡県南部の大牟田市を拠点とする九州誠道会（現・浪川会）と道仁会との激しい抗争事件が勃発していた。福岡県警は、工藤會対策と道仁会・九州誠道会対策の二正面作戦を強いられることとなった。

当時、田中組一門である藤木組をはじめ北九州地区工藤會内には、ある程度の協力者は獲得していた。しかし、工藤會主流の田中組本体や福岡地区傘下組織に対して十分ではなかった。福岡地区の事件は福岡地区傘下組織が、北九州地区、特に小倉北区・小倉南区の事件は、田中組が関与しているものと思われた。

北九州地区建設業者の工藤會離れが加速する中、工藤會は元請けである清水建設等への襲撃を繰り返し、更には大型工事発注者である西部ガスや九州電力まで狙うようになっていった。平成二十三年三月には、福岡市内の西部ガス社長宅、九州電力会長宅に手榴弾が投擲された。

## トヨタ襲撃

平成十九年三月、現地本部統括管理官として工藤會対策を担当していた私は、空港警察署長に異動となった。この時も、現地本部残留を希望していたが、人事は個人の希望通りにはいかない。

同年十二月、ゼネコンの下請として小倉北区の大型工事を受注していた建設会社社長が何者かから刺され重傷を負い、翌年一月に亡くなった。再び工藤會は意に沿わない者に対する暴力を躊躇しなくなった。福岡空港を管轄する空港署長として、できることは何もなかった。捜査第四課長を強く希望していたが、翌平成二十年三月、次の異動先は本部鑑識課長だった。

同年九月十五日午前九時頃、北九州市小倉南区と苅田町《かんだまち》にまたがるトヨタ自動車九州小倉工場の警備員から、同工場の変電所設備が破壊されているとの通報があった。警察官が駆けつけると県道沿いの敷地内に設置された変電所の計器盤が損傷し、数メートル離れた地面が深さ約十センチ、直径約六十センチのすり鉢状にえぐれていた。

手榴弾爆発で生じたロート状痕と呼ばれる痕跡だ。前日午前一時五十五分頃、警備員が地響きのような震動を感じたが、工場を囲むフェンスのセンサーに異常がなかったため、そのままにしていたようだ。鑑識課長として私も現場に向かった。鑑識課員の鑑識活動により、手榴弾のピンを発見した。鑑定の結果、米国製破片型手榴弾と判明した。

手榴弾が投げ込まれたトヨタの工場

世界のトヨタに対する襲撃事件は、中央経済界にも衝撃を与え、北九州市に進出していた大手企業数社がこの事件により計画を断念したという。

この事件は現時点、未検挙だが、当時、同工場の建設工事を請け負っていた清水建設に対する嫌がらせだろう。工藤會による犯行以外あり得ない。

このトヨタ自動車九州に対する事件を受け、福岡県警はついに捜査第四課を二つに分けて、工藤會取締りを主に行う捜査課を新設することとなった。私はそのプロジェクトチームを担当し、平成二十一年四月以降、再び工藤會取締りを担当することとなった。

そして、平成二十二年四月一日、全国初の総合的暴力団排除条例となった福岡県暴力団排除条例が施行された。

## 凶暴化する工藤會

工藤會は事業者への暴力を更にエスカレートさせた。

平成二十三年二月、小倉北区の総合病院新築現場事務所で、この工事を受注していた清水建設社員が男から拳銃で撃たれ負傷した。

度重なる銃撃事件等を受け、清水建設は事務所周辺、更には事務所内に防犯カメラを設置していた。フルフェイスヘルメット、紺色作業服上下の男が現場事務所二階に侵入した。当時、事務所内では男性社員一名が執務中だった。男は社員に向け一発を発砲した。驚いて両手を上げた社員に数メートルの距離に近づくと、社員に狙いを定めて更に一発を発砲した。防犯カメラの映像を見る限り、訓練を積んだ警察官なら外さない距離だった。

だが、慌ててしまうと訓練を積んだ警察官でも、がく引きとなることが多い。がく引きとは、人差し指で引き金を引く力が入りすぎて、銃口が下がってしまうことだ。

恐らく犯人もがく引きを起こしたのだろう、弾丸は社員の前の机上にあった分厚い書類を貫いた後に社員の腹部に当たり軽傷を負わせた。分厚い書類の束が弾丸の威力を弱らせたのだった。犯人は、倒れた社員に向かって更に一発発砲したが、その弾は当たらなかった。

同年十一月二十六日午後九時頃、小倉北区の住宅街の一角で、友人の車で帰宅した建設会社会長・内納敏博氏（当時七二歳）がバイクに乗った男二人連れから襲われた。バイク後部に乗っていた男が、車から降りて自宅へ入ろうとした内納氏を銃撃した。二発のうち一発が内納氏の頚部に命中し、内納氏は搬送先の病院で亡くなった。一緒に帰宅した夫人の目の前での出来事だった。

内納氏は大手ゼネコンの北九州地区下請業者の取りまとめを行っていた。ゼネコンも暴力団排除を進めだしたことから、「時代は変わった。暴力団に仕事をやってはいけない」と他の下請業者を説得していた。

捜査により、複数の田中組幹部、組員あるいは田中組一門である瓜田組員らの関与が浮かび上がってきた。私が在任中検挙に至らなかったが、内納氏の事件については野村総裁、田上会長検挙後の平成二十九年一月、工藤會理事長補佐兼瓜田組々長・瓜田太、田中組若頭・田口義高、田中組本部長・中西正雄らが検挙された。実行犯は中西正雄だった。瓜田については、事件発生直後の捜査でも、被害者らの車を尾行していたことが判明していた。

また、清水建設社員に対する殺人未遂事件では、同年九月、田口義高らを検挙した。実行犯は田口本人だった。

正直なところ、発生後の捜査では田口や中西はあくまで指揮者で、その下の幹部や組員が実行犯だと考えていた。実際には、下位の組員らは犯行使用バイクの入手、処分や被害者の行動確認などを担当していた。

# 第四章
# そして死刑判決

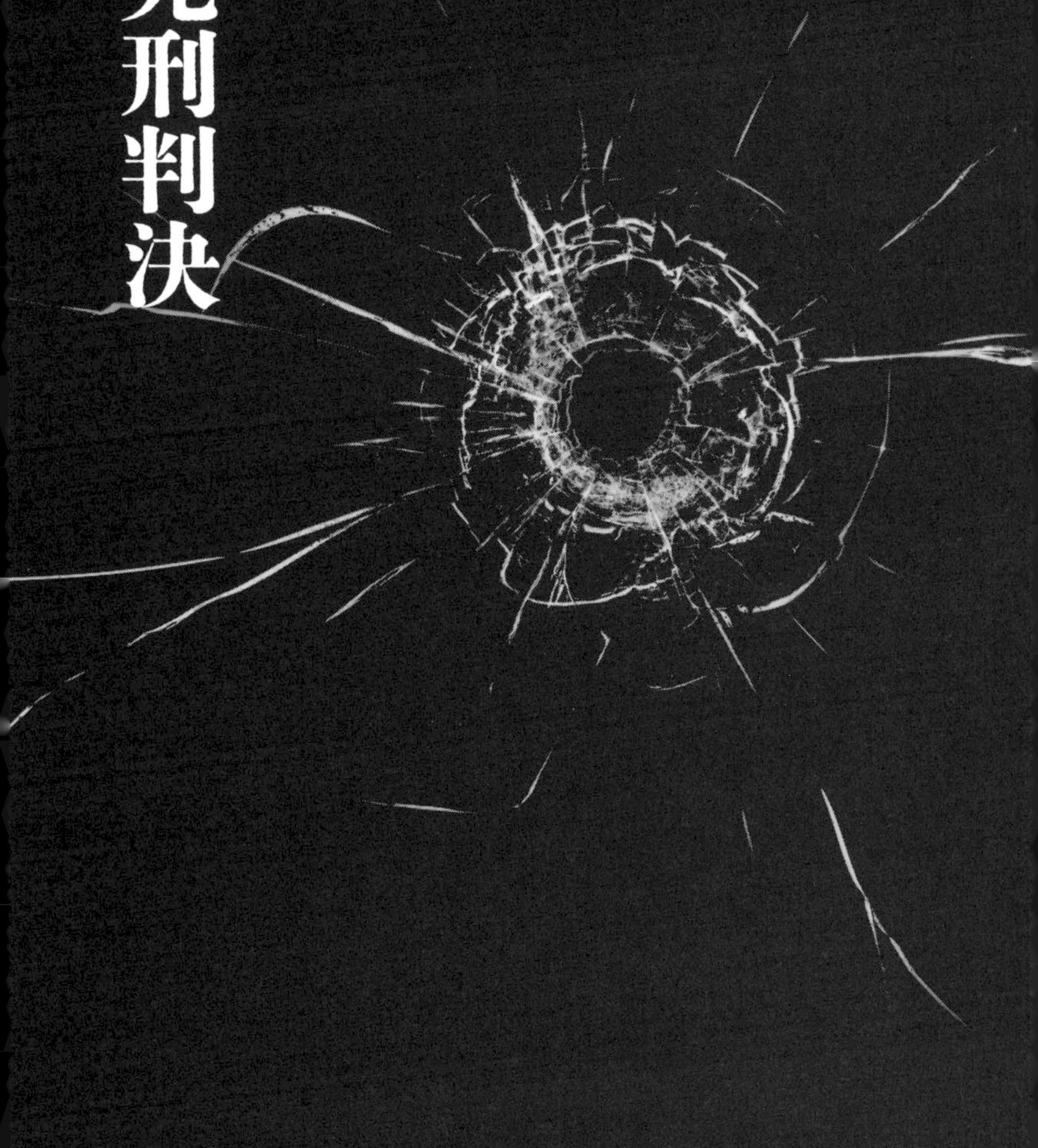

## 一　刑事裁判での事実認定

### 判決への批判的意見

野村総裁、田上会長に対する一審判決に対し、野村総裁は「公正な判断をお願いしたんだけど、全部推認、推認。こんな裁判あるんか。あんた、生涯、この事後悔するよ」と裁判長に言い放ったという。

暴力団問題の専門家等、一部に批判的意見もあり、主に次のことが言われていた。

・物証がない
・直接証拠が無く間接証拠だけで有罪とした
・警察に便宜を図ってもらった元組員の証言などに基づき判断している
・暴力団だからトップの指示があったはずと決めつけている

まず、刑事裁判における事実認定について考えてみたい。

刑事訴訟法第三一七条は「事実の認定は、証拠による」と定めている。

第三一八条で「証拠の証明力は、裁判官の自由な判断に委ねる」と規定する。

ここでいう証拠とは、刑事訴訟上、確認すべき事実（犯罪事実）を認定するための合理的推論の根拠となる資料をいう。

刑事裁判で裁かれる犯罪は、過去の事実だ。それを完璧に再現することは誰にもできない。しかし、いい加減な推測で有罪が認定されることは許されない。このため、我が国の刑事裁判では「合理的な疑いを差し挟む余地のない程度の立証（確証）」が必要とされている。

また「裁判官の自由な判断に委ねる」とされても、検察、被告側どちらかが控訴、上告すれば上級審で審査される。このため証拠の判断は合理的判断によらなければならない。合理的判断は経験法則・論理法則に従った判断とも言われている。

証拠には人証と物証とがある。

人証とは、証人、鑑定人、被告人のように口頭で証拠を提出するものをいい、物証とは犯行に使用された凶器や犯行によって得られた被害品など、その物の存在及び状態が証拠資料となる物体をいう。事件現場や現場等に残された犯人の指紋、ＤＮＡ資料等も物証だ。

「物証がない」との批判があったが、一連の事件についても、弾丸や、犯行使用車両等の物証は存在する。ただそれだけでは、野村総裁、田上会長の共謀は証明できない。

そもそも、今回のような暴力団の組織的犯罪について、共謀を立証する物証など存在するのだろうか。野村総裁が田上会長や菊地理事長らに、犯行を指示している動画や録音記録でもあれば別だろうが、そのような物を残すようなことはあり得ない。

## 「推認」　直接証拠と間接証拠

直接証拠についても誤解があるように思う。

直接証拠とは、要証事実（立証を要する事実。通常は犯罪事実）を直接証明する証拠のことだ。具体的には、被告人や共犯者の自白、目撃者の供述、被害者の供述等である。

間接証拠は情況証拠とも呼ばれ、要証事実を推認させる一定の事実（間接事実）を証明する証拠を意味する。間接事実を情況証拠ということもある。

ここで「推認」という言葉が登場した。辞書的には、既に分かっていることをもとに推測して、ある事が事実であろうと認定すること、を意味する。

刑事裁判や民事裁判では間接証拠により、要証事実を認定することを意味している。

民事裁判での判断だが、最高裁は次のように述べている。


「なお、所論中には、原判決がその理由中で、右乙号証は、上告人A1においてほしいままにその記載を訂正した旨の事実を認定するに際し、『推認』の語を用いたことを非難する部分があるが、右の用語法は、裁判所が、本件のように、証拠によつて認定された間接事実を総合し経験則を適用して主要事実を認定した場合に通常用いる表現方法であつて、所論のように証明度において劣る趣旨を示すものではない」（昭和四十三年二月一日、最高裁第一小法廷・建物収去土地明渡請求）

直接証拠というと、間接証拠よりも証明力（証拠価値）が高いように感じるかもしれないが、むしろ直接証拠のみに頼ることは危険だ。
自白は直接証拠だ。憲法、刑事訴訟法では被告人に不利益な唯一の証拠が自白である場合は、有罪とされないと定めている。ところが、最近においても、捜査側が自分たちの事件の見立てに沿うよう、被疑者の「自白」を得ることに汲々とし、その他の証拠収集を疎かにする例が発生している。

被告人を有罪と認定するためには、裁判官が合理的な疑いを生ずる余地のない程度に心証（確証）を得る必要がある。

裁判における事実認定では、どのような手段を講じようと、完全に過去の犯罪事実を再現することは不可能だ。だがいい加減であってはならない。この合理的な疑いを差し挟む余地がないということについて、最高裁は次のように述べている。

「ここに合理的な疑いを差し挟む余地がないというのは、反対事実が存在する疑いを全く残さない場合をいうものではなく、抽象的な可能性としては反対事実が存在するとの疑いをいれる余地があっても、健全な社会常識に照らして、その疑いに合理性がないと一般的に判断される場合には、有罪認定を可能とする趣旨である。そして、このことは、直接証拠によって事実認定をすべき場合と、情況証拠によって事実認定をすべき場合とで、何ら異なるところはないというべきである」（平成十九年十月十六日、最高裁決定・爆発物取締罰則違反、殺人未遂被告事件）

疑わしきは罰せずが刑事裁判の原則だ。だが、抽象的可能性を言い出したらきりがない。最高裁は、平成二十二年四月二十七日、情況証拠により有罪認定するためには、「情況証拠によって認められる間接事実中に、被告人が犯人でないとしたならば合理的に説明することができない（あるいは、少なくとも説明が極めて困難である）事実関係が含まれていることを要する」との判断を示している。この事件は大阪市平野区における殺人等事件の判決だ。

## 最高裁の判断

この事件の被告人は拘置所に勤務していた男性刑務官だ。容疑は平成十四年四月、大阪市平野区内のマンション室内で、被告の養子の妻とその子供の二人を殺害し、同マンションに放火したというものだ。

被告は任意聴取の段階で一旦はマンションに立ち寄ったことは認めたようだが、その後、否認に転じている。一審、二審とも有罪と認め一審は無期懲役、二審は死刑の判決を下した。

これに対し最高裁は両判決を破棄し、大阪地裁に差し戻し、後に無罪が確定した。

被告は、養子の借金の保証人として対応に追われるなど、養子夫婦との間にトラブルがあった。このため、養子夫婦は自宅マンションを被告に知らせていなかった。被告は事件当日、養子のマンションを探していたことは認めている。

被告は、養子の妻に対して恋愛感情を抱いており、過去、性交渉を迫ったり、抱きつく、キスするなどの行為もあった。

事件当日、被告は勤務が休みで、犯行時間帯は自分の車で一人で外出していた。被告の車と同種・同色の車がマンションから約百メートルの地点で駐車されていたのが目撃されている。捜査段階では、その地点に車を駐車したことも認めていた。

捜査段階の任意取調べは一〇時間以上におよび、被告はその間、警察官から暴行を受けたと主張している。なお、犯罪捜査規範はその後改正され、原則として深夜又は長時間にわたる取調べは禁止されている。やむを得ない理由があり八時間を超えて取調べを行うときは、警察本部長又は警察署長の承認を受けなければならない。

また被告は、当日の夕方、妻を迎えに行く約束をしていたにもかかわらず、妻に迎えにいけないとメールし、被害者二名が死亡したと思われる時間帯、自分の携帯電話の電源を切っていた。

一審、二審が重視したのが次の物証だ。

被告は、養子のマンションを知らないはずなのに、同マンションの一階から二階に上がる踊り場の灰皿内から、被告のＤＮＡ型と一致する煙草の吸い殻が発見、押収されていた。その煙草は被告が普段吸っている銘柄だった。

しかし、最高裁は別の判断をした。被告夫婦、そして被害者は普段から煙草を吸っていたようだ。養子夫婦との関係が悪化する前には、被告夫婦が使用していた携帯灰皿を被害者にやったこともあった。

その被告夫婦や自分の吸い殻が入った携帯灰皿の吸い殻を、被害者がマンションの吸い殻入れに捨てた可能性を弁護側が主張しそれが認められた。現に踊り場の吸い殻入れには、被害者が吸っていた銘柄の吸い殻も発見されている。だが、DNA鑑定は行われていなかった。また、吸い殻入れは約八か月清掃もされておらず、事件以前に、被害者が携帯灰皿の吸い殻を捨てた可能性を否定できなかった。

養子宅では別の携帯灰皿も発見されており、その中には被害者と被告の妻が好んで吸っていた銘柄の吸い殻が残っていた。

要は、被告のものと認められる吸い殻が、事件当日に被告が投棄したとは推認できない点だ。更には養子の妻子を殺害するという重大事件を敢行するだけの原因、動機が十分立証されていないこともある。

現場付近で曖昧な目撃情報があったが、付近に多数防犯カメラが設置されていたにも関わらず、それらのビデオ映像も全く提出されていなかった。

判決を見ても、被告が完全に無実とされた訳ではない。しかし、被告人が犯人でないとしたならば合理的に説明することができない（あるいは、少なくとも説明が極めて困難である）事実関係は認められない。疑わしくは罰せずという刑事裁判の原則から言えば、当然の判決だと思う。本件は後に無罪が確定している。

## 「無罪」になった銃撃事件

平成二十四年は、元警部事件や暴力団排除標章関連の襲撃事件が多発した。

しかも、翌年三月に私が久留米署長に異動となるまでの間、それら事件のほとんどを検挙できなかった。

唯一、検挙できたのが、平成二十四年一月十七日に北九州市の西隣、中間市で発生した建設会社社長に対する銃撃事件だ。ただ、この事件は福岡高裁で無罪が確定している。

この事件は、正に被疑者、共犯者の自供といった直接証拠のない中、間接証拠を積み上げていった事件だ。

平成二十四年一月十七日午前五時三十五分頃、中間市の建設会社支店前の路上で、同社社長の男性（当時五二歳）が、男から拳銃で撃たれ重傷を負った。社長は大手ゼネコンの地元業者取りまとめ役で、暴力団排除に積極的に取り組んでいた。未検挙だが、平成十七年八月には遠賀郡岡垣町の本社に拳銃が撃ち込まれている。

早朝、支店前の自動販売機で缶コーヒーを買おうとした被害者に、黒っぽい服装上下、マスク姿の男が近づき、いきなり回転式拳銃を二発発砲した。弾は被害者の腹部と右腕を命中し全治約九十日間の重傷を負わせた。

中間市には工藤會三代目会長・溝下秀男が結成した極政組が本部事務所を置いていた。平成十七年の銃撃事件も極政組が関与した疑いが強かった。

このため、事件発生後、殺人未遂事件の通常捜査と合わせ、極政組々員らの中で実行犯となる可能性の高い、数人の組員に対し秘匿で行動確認を行った。

その一人が、極政組本部長・福山真一（仮名）だった。

事件翌日は福山が住む地域のゴミ出し日だった。同日午前七時半頃、福山の子がゴミ袋をゴミ収集場に廃棄した。廃棄したゴミを押収するのには裁判所の令状は不要だ。秘匿でこのゴミ袋を回収した。

ゴミ袋の中には、驚くような品々が含まれていた。

犯行に使用されたのは三十八口径の回転式拳銃だった。ゴミ袋の中にプラスチック製手袋があった。その中から三十八口径の撃ち殻薬莢五個を押収した。更に黒色ウィンドブレーカー上下、白色マスクや運動靴など、被害者が目撃した犯人の服装に似た衣類等もあった。

鑑定の結果、ウィンドブレーカーなどからは銃を撃ったときに衣類等に付着する射撃残渣が検出された。マスク等からは福山のDNA資料、その他のゴミからも福山の指紋が検出された。また、手袋に付着していた粘着テープからは、福山組々員・藤山義雄（仮名）の指紋も発見された。

更に捜査を続けた結果、複数の極政組親交者から福山らの犯行を推測させる供述も得た。だが、十分なものではなかった。

もし福山らは逮捕しても完全否認だろう。捜査を継続する中、元警部事件、暴排標章関係襲撃事件等が続発した。市民、マスコミ等の県警への批判も高まっていった。

何よりも、幾ら事件を起こしても警察は手出しできない、検挙できない、工藤會にそう思わせてしまっているのが問題だった。工藤會が更に犯行をエスカレートすることも考えられた。

当時、福岡県警と福岡地検との関係が良好ではなかった、などという者もいる。過去、両者の意思疎通が十分とは言い難い時期もあった。だが、私が担当していた時期は、特に福岡地検小倉支部や福岡地裁小倉支部とは緊密な連携を図っていた。地検小倉支部のみならず地裁小倉支部においても何度も工藤會を含めた暴力団情勢の説明等を行っていた。

正直、福山らを有罪とするだけの自信はなかった。だが、私たちは福山が実行犯であることは確信していた。

襲撃事件が多発し、一件も検挙できずにいる中、県警本部長の了解を得て、私たちは勝負に出た。同年末の十二月六日、福山と藤山を殺人未遂、銃刀法違反で逮捕した。検察には起訴猶予となってもやむを得ないとも話していた。

十二月二十七日、両名は予想通り完全否認を続けたが、検察は起訴してくれた。

福山は、拳銃を撃ったことは認めざるを得なかった。自分が出したゴミ袋の中から撃ち殻薬莢を押収され、自らの着衣等からは射撃残渣や自らのＤＮＡ資料が検出されていたからだ。

しかし、福山は次のように弁解を続けた。

「名前の言えない知人から拳銃を預かり、平成二十三年の十月頃から十一月頃にかけて、興味本位で二発ずつ計四発拳銃を発射した。その時に着ていた服などはそのままにしていたが、今回、中間で事件が発生し、自分の所属する組が疑われていることは知っていたので、廃棄した」

撃ち殻薬莢は五個押収されており、四発では一個計算が合わない。

拳銃や覚醒剤等の違法薬物の入手先について、暴力団がよく使うのが「名前の言えないある人」だ。ときには既に死亡している組員等の名前を挙げることもよくある。

暴力団員、特に幹部は常に警察の動きを警戒している。自宅にはまず禁制品等は置かない。さっさと捨てれば良いものを、福山は、拳銃の薬莢や衣類等を二か月近くも自宅に置いていたというのだ。

一審福岡地裁小倉支部は、「拳銃の入手経過や使用動機は、到底真実のものとは思われず、処分等も容易な本件薬莢や本件衣類等を長期間保存していたというのは甚だ不自然であって、弁解のための弁解との印象を拭えず、一部不利益事実の承認を含んでいるからといって、その部分だけでも信用できると評価できるようなものではない」と判断した。

拳銃を撃ったことはある、という福山にとって不利益事実を認めても、福山の供述は甚だ不自然だとして、この福山の弁解は退けている。

だが、実行犯が被害者に向け撃ったのは二発だ。少なくとも残り三個は別の機会に撃ったはずだ。検察は本件犯行に向けての試し撃ちだ、と主張した。しかし裁判所は、その試し撃ちが捜査側に発覚していないことを捉え、福山が主張する事件の約二か月前の試し撃ちがあったことも否定できないと判断した。

そして、「本件において、被告人福山が公訴事実第一の実行犯である可能性が相当強く推認されるが、本件証拠構造は、重要な部分に決定的証拠がやや薄い部分があり、上記推認に疑いを抱かせかねない具体的事情も認められ」として、無罪とした。

そして、共犯とされた藤山についても、本件薬莢の処分に関与しているのは明らかだが、本件薬莢が本件事件の際に使用された実包のものであることに疑問があるとして無罪を宣告した。

この一審の判断は、福岡高裁でも追認され、平成二十七年六月、両名の無罪が確定した。

「無罪」と「無実」は違う。

このように「強く推認」される事件であっても、合理的な疑いを生じる余地のない程度に至らなかった以上、無罪判決は受け入れざるを得ない。

## 二　判決

### 弁護側の反論

野村総裁、田上会長の裁判での、弁護側の反論を見てみたい。

野村総裁、田上会長とも四事件全てについて否認している。当然、弁護側も二人は一連の事件とは無関係であると主張している。そしてこれに加えて弁護側は、

・参考人供述の信用性を否定
・梶原事件で発見・押収された合計六個の弾丸について、発見・押収から鑑定までの連鎖が証明されていない
・総裁は隠居であり工藤會の運営には一切権限がない
・看護師事件については、看護師に対する野村被告の愚痴を聞いた組員から話を聞いた者

が勝手にやった可能性がある
・元警部事件、女性看護師事件、歯科医師事件の実行犯や指示者である田中組幹部らに殺意はない

などと主張している。


三事件の殺意については、判決でも触れられているように、他人の体の枢要部に傷害を与えれば、時に生命の危険が生ずる。

実行犯らは、確実に相手の命を奪おうとまでの意思はなかっただろう。だが、いずれも死に繋がりかねない極めて危険な傷害が被害者に加えられている。そのような危険な行為をあえて行っていることによりいずれも殺意は明確だ。

弁護側は両被告に不利な参考人の証言や供述についてはことごとく信用性を問題視している。その証拠がどこまで信用できるかというのが証拠の信用性だ。

一方で、第一次捜査の段階では、供述や証言を行わなかった者も第二次捜査では供述したり公判で証言してくれている。

一般論としては、事件直後の供述・証言の方が信用性が高いだろう。だが、暴力団の組織的事件、特に今回のように暴力団のトップが関係する事件では、暴力団側の報復等を恐れ、言えない場合も多い。だが工藤會がその後も非道を繰り返したことにより、あえて今回は供述・証言してくれた関係者も多い。

弁護側は、参考人供述の信用性を否定するにあたり、警察に便宜を図ってもらったからだなどとも主張している。

地元対策費の分配について供述してくれた元工藤會幹部については、生活保護受給の手続を県警が協力して早めてくれたからだ、と主張している。

この元幹部は長年、田中組員として活動し、若い頃にはジギリと呼ばれる工藤會に貢献する事件を起こし長期間服役している。だが、年を取り体調を壊した元幹部に工藤會は何もしてくれなかった。このため、工藤會からの離脱を決意したが、体調不良により働けないため、生活保護を受給したものだ。

福岡県警や福岡県暴力追放運動推進センターでは、暴力団員の離脱、就労支援に加え、働きたいけれども働けない者については、生活保護受給の支援をこれまでも行ってきた。

それを恩義に感じる元暴力団員もいることだろう。だからといって、工藤會総裁、会長の公判で有りもしないことを証言する必要はない。

判決で、これら関係者の供述は、他の者の供述や供述を裏付ける間接証拠により、信用性や証拠価値が認められている。

なお、弁護側は最終弁論で「四事件とも直接証拠がなく、間接証拠から両被告の関与を推認できるかが問題となる。検察側の主張は、意図的に誤った事実を導いている」と検察側を批判している。この弁護団の主任弁護士は、最高裁で無罪が確定した大阪市平野区の母子殺人事件を担当した後藤貞人弁護士だ。

## 元組合長事件の弾丸

弁護側は、梶原事件で発見・押収された合計六個の弾丸について、発見・押収から鑑定までの連鎖が証明されていない、と主張した。言いかえれば、途中ですり替えた可能性があるということだ。

中村数年が事件当時住んでいたマンションの一室から、事件で使用された拳銃から発射された弾丸一個が発見・押収された。これは中村の内妻の証言に基づく。

この弾丸の発見、押収は、福岡地裁小倉支部で中村らの公判が進んでいる最中で、マンションの捜索・検証には私も立ち会っている。マンションには既に事件とは無関係の男性が居住していた。

弁護側は、内妻が、中村に離婚を申し出た際、中村から日本刀で脅されたことで、中村に著しい恐怖心を抱いており、中村になるべく長く刑務所にいてほしいとの思いから虚偽供述をする動機がある、と主張した。

弁護側は一つの情況証拠すら示すことなく、一方的に内妻を嘘つき呼ばわりしている。何よりも、既に他人が住んでいたマンション内から、内妻の供述通り弾丸を発見、押収している。

弁護側の主張に対し、判決は次のように結論している。

「しかし、内田（※仮名）が従前捜査官に供述したとおりに弾丸が旧内田方の壁の中から発見されているという事実により内田供述が客観的に裏付けられているのは前記のとおりであるし、○○検察官（※内妻を取調べた検察官）によれば、内田は公判中の中村数年の体調を本当に心配している様子だったというのであり、中村数年との離婚の際にトラブルがあったことが内田供述の信用性を損なうものではない」（野村・田上判決）

内妻供述の信用性を崩せないと考えたのだろう、弁護側は、発見・押収された合計六個の弾丸について、発見・押収から鑑定までの連鎖が証明されていない、と主張した。

公開されている野村・田上判決の判決要旨は百四十ページに及ぶが、その一割以上の十六ページにわたって、当時の鑑定経緯が検討されている。

当時の福岡県警科学捜査研究所や警察庁科学警察研究所の担当者らも証人として証言している。既に事件から二十年以上が経過している。保存期間を経過して廃棄された記録もあるし、担当者の記憶も薄れていく。弁護側はそこを突きたかったのだろうが、ここでも不正を疑わせる間接証拠の一つすら示していない。

裁判所は、一連の鑑定経緯、証拠品である弾丸の取扱い、鑑定経緯等に問題はない、と弁護側の主張を一蹴している。

## 総裁は隠居、會の運営は執行部に一任

これについては、第三章で触れたように、総裁は引退ではなかった。

判決でも、福岡地裁は、執行部の一員であった慶弔委員の絶縁を野村総裁が行ったこと、會のシンボルとも言える本部事務所を野村総裁、田上会長が売却していることなどを次のように指摘している。

「これに対し、弁護人は、五代目工藤會発足以降、被告人野村悟は当代を退いて隠居する総裁という立場にあり、工藤會の運営に一切の権限を有さず、実際にも加わっていなかった、被告人野村悟が五代目工藤會において序列一位であったことに間違いはないが、それは形式上の序列にすぎない旨主張するので、以下検討する（略）。

このように、被告人野村悟は、五代目工藤會の総裁となって以降も、工藤會執行部の一員である幹部組員の絶縁処分や、工藤會本部事務所という五代目工藤會にとって最重要施設ともいうべき不動産の売却にかかわっており（同本部事務所は被告人田上不美夫の一存では法律上売却できなかったものである。）、単なる隠居ではなく、工藤會内における実権を依然として有しているといえる。

また、弁護人は、五代目工藤會において具体的な意思決定を行うのは、毎年行われる事始めの際に被告人田上不美夫から軍配を貸与された理事長である菊地敬吾以下の執行部であり、被告人田上不美夫が菊地敬吾に対し工藤會の運営、活動について自分から指示をすることはない旨主張する。

しかしながら、工藤會の通常の運営、活動については、菊地敬吾以下の執行部に委ねられていたとしても、工藤會の重要事項に関し、同執行部が会長である被告人田上不美夫や総裁である被告人野村悟の意向を無視してこれを判断し、実行するなどということは、工藤會という組織の在りように照らし、考え難い。

弁護人の主張はいずれも理由がない」（野村・田上判決）

弁護側は、慶弔委員の絶縁状を総裁名で出したのは事務局の間違いだったと主張する。田上会長も、総裁名義で絶縁状を出すことは全国の指定暴力団のどこもやらない大間違いだと証言している。なのに事務局が何らかの処分を受けた事実はない。福岡地裁は「当初の絶縁状が間違いである旨の被告人両名の供述は信用できない」と結論づけた。

## 看護師事件は「組員が勝手にやった」

裁判で、看護師事件のきっかけで思い当たることはとの被告人質問に対し、野村総裁は、「深く考えたら、私が愚痴ったことが組員に伝わって変なふうになったんかなとも考えられます」と答えている。

愚痴を言った状況については、風呂上がりに脱衣所で着替える前に薬を塗っていたが、その際、看護師の顔を思い浮かべながら「あのオバハンが」などと言いながら薬を塗っていたと思うと答えている。脱衣所には部屋住みと呼ばれる住み込みの組員四人くらいがいて、その愚痴が伝わった可能性があると思うと証言している。

しかも、襲った組員らに対しては、「ちょっと許し難いようなものがありますね。何の理由もなく人を傷付けることは許せません。まして世話になっとる看護師を。通り魔以下の事件です。許せんです」とまで語っている。

まるで人ごとのようだ。

田上会長の被告人質問でも、田上会長は「何の罪もない看護師を刃物で襲撃してけがを負わせたので、多分、処分の対象になると思います」と答えている。また、なぜ関係組員らが処分されていないのかとの質問に対しては、「まだ全部わかっていないし、処分は執行部から上がってくるもので、六年間外部と意思疎通もできないので、どうしようもないです」と返答している。

確かに、当時は両被告とも弁護人以外との接見は禁止されていた。だが、恐らく毎回の公判を工藤會幹部らが傍聴していたはずだ。また、弁護人を通じても連絡も可能だ。

執行部との意思疎通ができない、というのなら本部事務所売却はどうなのか。連絡を取れないのは、野村総裁と田上会長の間もそのはずだ。會の運営を一任している執行部に何一つ連絡も無く、野村総裁、田上会長間の意思疎通もなく、どうやって本部事務所を解体、売却できたというのか。

公開の公判において、野村総裁、田上会長とも看護師事件は許せない、処分の対象となると発言した。執行部がその発言を聞き漏らすことは考えられない。

何よりも、令和二年九月四日付で、六年近く続いた野村総裁、田上会長に対する接見禁止処分は解除された。工藤會幹部はもちろん六代目山口組ナンバー2の髙山清司若頭も野村総裁と接見している。だが、事件に関係した幹部や組員が執行部から処分を受けたとの話は聞かない。

## 三　福岡地裁の認定

福岡地裁の足立勉裁判長らは、次の点を指摘し、野村総裁、田上会長の事件への関与を認めた。

まず、次の点を捉え、元漁協組合長事件が田中組幹部を含む工藤連合の組員らにより組織的に敢行されたと認定した。

1　実行犯が田中組若頭補佐（中村組長）の中村数年
2　犯行使用車両の調達が田中組行動隊長（古口組長）の古口信一
3　事件三日後に古口、田中組本部長（藤木組長）・藤木信二に田中組若頭だった田上会長が加わり、犯行使用車両の処理等に関して協議が行われた
4　事件後の初めて開かれた田中組定例会で、田上被告が組員らに対し本件についてかん口令を敷いた

5　服役中の中村数年や古口信一のため少なくない額の現金が積み立てられ、中村に対しては多額の差し入れ等が行われている

そして、野村総裁らの動機については、

1　梶原國弘氏らに執拗に野村被告、田上被告が利権交際を求めたが、梶原氏らがこれを拒否したこと

2　野村被告は、梶原一族がいる限り、北九州地区の砂利事業、すなわち港湾建設工事等に関する利権に食い込むことは困難であるとの認識を示していた

3　工藤連合総長の草野高明と親密な交際をしていた梶原國弘氏を殺害するという決断を野村被告の配下組員が独断で行うことができるとは考え難い

4　工藤連合ひいては田中組は厳格な統制がなされる暴力団組織であって、本件で重要な役割を果たした中村、古口、藤木らは、互いに指示をしたり、従ったりという関係にはない。これらの者にいずれも犯行を指示できる組織の上位者としては、工藤連合若

頭であり田中組々長の野村被告と、野村被告の意向を受けた同組若頭の田上被告がまず想定される

5　中村は野村被告を尊敬し、忠誠心を抱いていた者で、その指示ないし意向により本件犯行を実行したとしても何ら不自然ではない

6　野村被告が、自ら同組の若頭に抜擢し、その後、同組々長の地位を承継させるほど信頼を厚く置いていた田上被告を飛ばして、同組本部長（序列3位）の藤木信二以下の田中組々員に対して、直接本件犯行に関する指示を行い、あるいは本件犯行に及びことを承知するとは考え難い

として、以上を総合すると、本件犯行に被告人両名の関与がなかったとは到底考えられず、これに一切関与していない旨の被告人両名の各供述は信用できない。

そして、

「以上検討したところによれば、被告人野村悟は、本件犯行に首謀者として関与し、被告人

田上以下の田中組々員らに犯行を指示したものと認められ、被告人両名が、判示第一の各共犯者（中村数年、古口信一、藤木信二のほか、中村数年以外の氏名不詳の実行犯の一人等）と本件犯行を共謀した事実が優に認められる」（野村・田上判決）

と認定した。

他の三事件についても同様な判断を行い、野村総裁に死刑を、田上会長には無期懲役の判決を下した。

工藤會対策を離れ、そして警察官を定年退職した私は、第二の職場である福岡県暴力追放運動推進センターで、この判決を知った。それまでの報道等からも野村総裁、田上会長の有罪は確信していた。ただ、野村総裁の死刑求刑に対しては、無期懲役か懲役刑最長の懲役三十年ではないか、と考えていた。

後に、公開された判決要旨に接し、福岡地裁が決していい加減な判断を下した訳ではないことを痛感した。

個人としては、野村総裁の死刑、田上会長の無期懲役、いずれも適切な判決だと思っている。ただ、判決に接した時も、そして現在に至るまでも、福岡県警、検察の大勝利とも言えるこの結果を素直に喜ぶことはできないでいる。

今回の工藤會頂上作戦を「国策捜査」と呼ぶ人もいる。確かに、福岡県警のみならず、何よりも警察庁、最高検を含む検察が本気で取り組んだことは大きい。

工藤會、全国暴力団とも確かに弱体化を続けているが、いまだ壊滅には遠い。

工藤會による組織的襲撃事件は、この四事件だけではない。その後の捜査により相当数の事件が検挙され、有罪判決が下されている。

その多くは、野村総裁、田上会長の関与がなかったとは考えられない。だが、いまだ頂上には及んでいない。

工藤會、そして暴力団やその他犯罪集団による組織的事件の抜本的解決のためには、その問題点を解明し、現場に戦えるだけの武器を与え、戦略的に取り組む必要があると強く感じている。

まず、頂上へ届かなかった事件について見てみたい。

# 第五章
# 残された課題

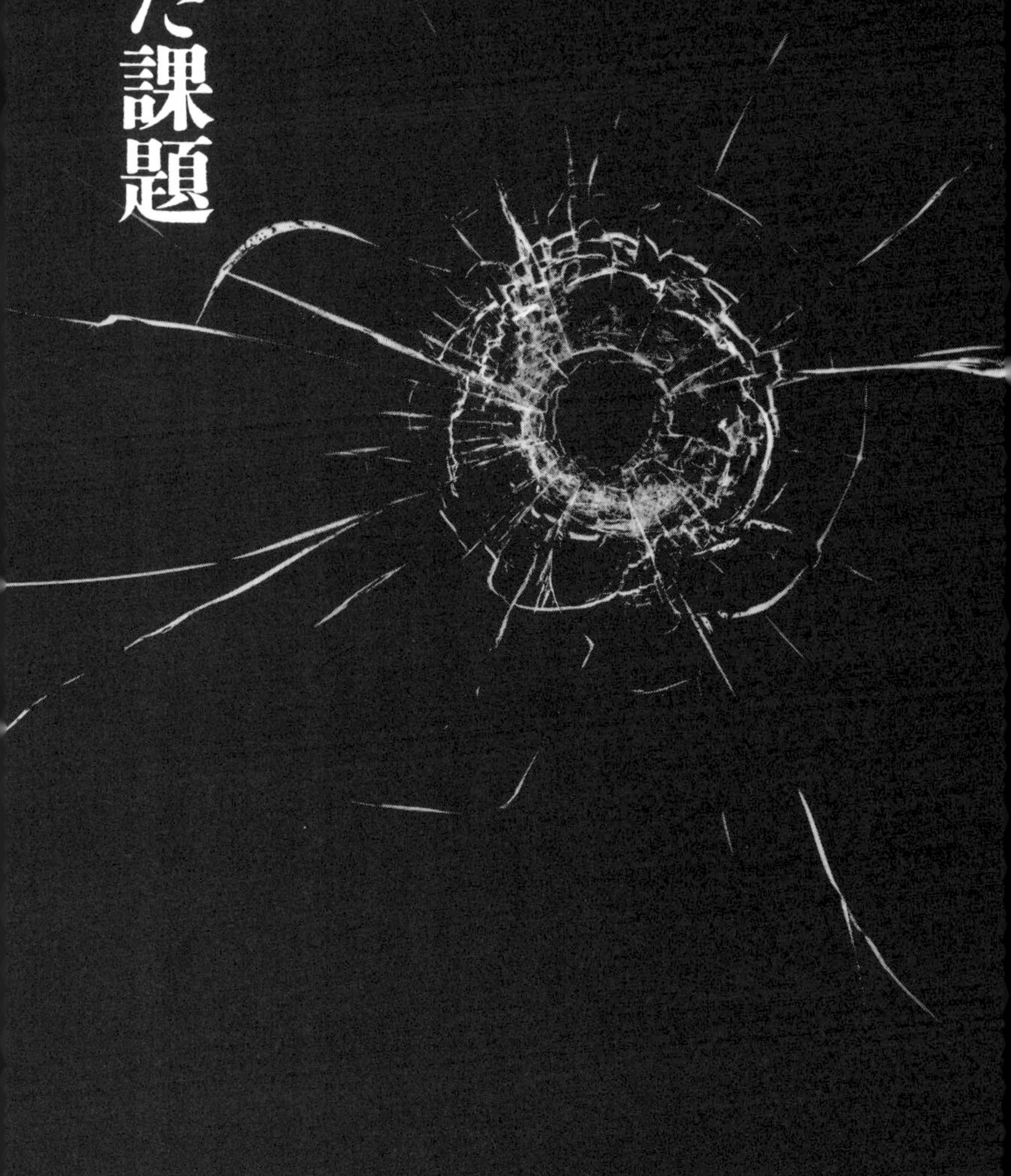

# 一　頂上へ届かなかった事件

## 元女性従業員事件

平成二十六年（二〇一四年）七月二十五日午後十時十五分頃、北九州市八幡西区のマンション駐車場で、このマンションに住む女性（当時四八歳）が襲われた。女性が車から降りたところ、何者かが女性を後ろから突き飛ばし、刃物で女性の左肩、右腰を次々と刺し逃走した。女性は加療約二週間の傷害を負った。

その後の捜査により、実行犯や送迎役等が判明した。実行犯らはいずれも工藤會本田組幹部や組員、事件を命じたのは工藤會会長代行兼本田組々長の本田三秀だった。福岡県警は、令和元年十二月、本田三秀以下、元本田組若頭・森永隆一（仮名）、本田組本部長・山本真司（仮名）、実行犯の宮田輝（仮名）ら五名を逮捕した。組員一名は事件への関与が薄いとして起訴猶予となったが、他の四名はいずれも起訴された。

その後の取調べにより、森永以下の組員らは、いずれも犯行を認め、実行犯の宮田を除き本田の指示命令も認めた。本田は最後まで否認を続けた。宮田は自らの犯行は認めたが、「親分（本田）とは共謀していない」と唯一、本田の指示を否定している。

この事件の判決要旨も公開されている。福岡地裁の担当裁判長は、野村・田上判決と同じ足立勉裁判長だ。

平成二十六年五月二十六日、梶原國弘氏の孫に当たる歯科医師が工藤會田中組幹部・中田好信に襲われ重傷を負った。その二か月後に、この元女性従業員に対する傷害事件が発生した。判決要旨にあるように、歯科医師事件が発生した頃の同年五月下旬から六月上旬頃、組長である本田から本田組ナンバー2の森永に対し事件が指示された。

森永の証言によれば、本田は「女性を刃物でやってくれ、殺す必要はない、顔とかもしなくていい、けつとかでいい、しっかりやってくれよ」と指示し、森永はこれを了承した。「しっかりやってくれよ」との本田の指示について、森永は、工藤會内の他の組織に恥ずかしくないよう、殺人未遂と報道される程度のけがを負わせるという意味だと理解した。

この指示を受け、森永らは被害者の行動パターン、現場マンション、防犯カメラの位置や被害者の素性等を調査している。

被害者が襲撃の対象と選ばれた経緯は判決要旨では明らかにされていない。被害者の学校時代の同級生の一人に、一連の襲撃事件に関与したある田中組幹部がいる。推測だが、恐らくこの者が、被害者をターゲットとすることに関わったのではないだろうか。

森永は本件で逮捕以前、既に別件で逮捕、服役しており、その際に工藤會を離脱している。公判においても一連の事件の流れのみならず、親分である本田の指示についても正直に証言している。森永は被告人質問で「面識のない女性を刺すのは嫌だったし、それを指示した組織に嫌気がさした」と述べている。

六月中旬頃、一旦、この襲撃計画は中止となったという。そして、七月上旬頃、森永は本田から「うちですることになった」と告げられ、再度、襲撃計画を進めていった。森永らは、下見中、防犯カメラに自分たちが映っている可能性があったので襲撃を中止するなどしたが、七月二十二日、本田から「もうそろそろできるんじゃないか」と催促された。

本田が犯行を催促した翌七月二十三日、田上会長は理容店駐車場で上野次郎氏に対し、「太郎が分からんのやけ、やるしかないやろ息子を」と告げている。そして同月二十五日、犯行が行われた。

襲撃の数日後、宮田は本田から呼び出され、事件が「傷害」と報道されているがどうなっているのかと叱責されたという。宮田は犯行に使用した刃物の刃先を残し、粘着テープを巻いて深く刺さらないようにしていた。なお、本件を実行前に、森永は本田から「先にやっとく」と言われて五十万円を受け取り、山本、宮田と三人で分配している。

工藤會名目上ナンバー3の本田、そして森永以下の関係組員にも女性を襲撃する原因・動機など全くない。本田の「うちですることになった」という発言からも、更に本田の上位者からの指示命令があったとしか考えられない。

本田の上位には野村総裁、田上会長しかいない。そして、この二人には十分な動機があった。

被害者は梶原氏が経営する会社の元従業員だったということしか、工藤會から狙われる理由はない。梶原一郎氏の事業や漁協の権限とは何の関係もない息子の歯科医師すら命の危険に晒された、だが一郎氏は野村総裁、田上会長に従おうとはしなかった。一郎氏に関係があれば、誰でもよかったのだろう。もはやテロだ。足立裁判長は、野村総裁、田上会長の裁判のみならず、田中組員らによる複数の襲撃事件を担当していた。それら公判の状況から、野村総裁らに強い動機があり、その指示命令がなければ事件が発生しないこと、梶原氏や上野氏の一族が執拗に狙われていたことも十分御理解していただろう。だが、裁判における事実の認定は証拠による。この事件ではその証拠が欠けている。

本田組長は、元々、極政会出身だ。

恐らく否認を続けた本田組長も、本心は女性を傷付けることはしたくなかっただろう。

本田は長年工藤會に所属し、工藤連合当時の昭和六十三年三月には、元捜査第四課警部宅への放火と中国領事館への発砲事件を敢行し、長期間服役している。その後、溝下総裁の抜擢もあり、工藤會会長代行まで登りつめた。野村総裁、田上会長を裏切るということは、自分のヤクザとしての人生を否定することでもある。否認しか選択肢はなかったのだろう。

令和二年六月、足立裁判長らは、森永については懲役三年二月（求刑・懲役四年）、山本は懲役三年六月（求刑・懲役四年）、宮田は懲役三年（求刑・懲役三年六月）との判決を下した。森永と宮田は控訴したが、同年十一月、福岡高裁は控訴を棄却した。

最後まで否認を続けた本田に対しては令和二年九月、福岡地裁が懲役六年（求刑・懲役七年）の判決を下した。本田も控訴したが、令和三年三月、控訴は棄却された。

## 建設会社会長事件

平成二十三年十一月二十六日午後九時頃、建設会社会長・内納敏博氏（当時七二歳）がバイクに乗った男二人連れから襲われた。バイク後部に乗っていた男が、車から降りて自宅へ入ろうとした内納氏を銃撃し殺害した。実行犯は田中組本部長の中西正雄だった。

この事件では、田中組一門である工藤會執行部理事長補佐の瓜田太、田中組若頭・田口義高ら田中組員、瓜田組員らが逮捕された。

既に、田口ら数名を除き、瓜田や中西らには一審で有罪が宣告されている。そして彼らには原因動機もない、被害者との面識すらない。

内納氏が、殺害されたのは、工藤會との関係遮断の先頭に立っていたからだ。元漁協組合長事件と同様、被害者がそのまま工藤會に従っていれば決して事件は発生しなかった。しかも、自宅前路上、夫人の目の前で無残にも射殺された。

ただ、野村総裁の脱税事件公判に関する朝日新聞報道にもあるように、過去、多くのゼネコンが地元対策費を容認していた当時は、被害者も工藤會へ地元対策費を提供していた。それも野村総裁に対してだった。だが、内納氏はそれを自らの意思で中止、更には他の地元業者に対しても暴力団排除を指導していた。

その金の十分の三は、工藤會会長だった野村総裁に渡されていた。

断固として工藤會との関係を断ったとはいえ、過去、被害者は野村総裁に多額の資金を提供していた。野村総裁、そして野村総裁に絶対忠誠を誓う田上会長の意に反して、工藤會執行部の一員である瓜田や田中組ナンバー2の田口らが、内納氏を殺害することはあり得ない。

だが、ここでもその糸は断たれている。令和五年五月、瓜田に対し福岡地裁は無期懲役の判決を下した。田口も有罪は揺るぎないだろう。だが、二人とも最後の最後まで否認を貫くことだろう。

## 暴排標章制度関連事件

工藤會トップの指示命令がなければ起こりえなかったのが、平成二十四年八月以降、北九州市小倉北区と八幡西区で続発した暴力団排除標章制度に関する襲撃事件だ。

平成二十年九月、トヨタ自動車九州小倉工場に対する手榴弾投擲事件を受け、福岡県警は刑事部から暴力団対策部を独立させ、工藤會対策課というべき北九州地区暴力団犯罪捜査課を新設した。更に、平成二十一年十月に全国初の総合的暴力団排除条例を制定した。

この暴力団排除条例は全国に波及した。

暴力団排除標章

暴力団排除条例は幾度か改正され、平成二十四年八月一日からは、福岡県内四地区の繁華街を暴力団排除特別強化地域として指定した。そして、この特別強化地域で暴力団員の立入りを禁止する標章（暴力団排除標章）制度を開始したのだ。

特別強化地域内で営業する風俗店や酒類提供飲食店等からの希望に基づき、福岡県公安委員会が暴力団排除標章を交付した。

私は、工藤會の勢力範囲である北九州市では、大部分の店が掲示を行わないのではないかと思っていた。実際には八〇％以上の店がこの標章を掲示した。これらの店の大部分は条例施行と同時に店舗入り口等にこの標章を掲示してくれた。

暴力団員は、この暴力団排除標章が掲示された店への立入りが禁止され、違反した場合、公安委員会が中止命令を発出することができる。命令に違反すると罰金に処せられる。

この標章制度が開始された年である平成二十四年の四月に元警部事件が発生し、福岡県警は全国警察から機動隊員の応援派遣を受けていた。

工藤會が必ず何かをしでかす、そう考えた県警は、特に北九州市小倉北区と八幡西区の繁華街の警戒にこの応援機動隊員を投入した。特に、小倉北区の繁華街では、田中組々員らが、標章の掲示状況を確認していた。彼らに対し職務質問を徹底したが、単に見て回るだけでは手出しもできなかった。機動隊による警戒では事件の発生を防げなかった。

八月一日、八幡西区黒崎の標章掲示店舗入居ビルに対する放火を皮切りに、八月十四日には小倉北区で二件の放火事件が発生した。そして標章を掲示した多数の店舗に対し、標章を外すよう脅迫電話が繰り返された。更には、スナックの女性経営者等に対する殺人未遂事件四件が発生した。女性経営者に対しては、身体のほか、故意に顔を斬りつけている。

私が暴力団対策部副部長として工藤會対策を担当していた当時、これらの事件の一件すら検挙はできなかったが、その後の県警の捜査により相当数の事件を検挙している。

特に、小倉北区の繁華街で発生した標章掲示店舗への放火事件、標章掲示店舗女性経営者、あるいはクラブ幹部に対する殺人未遂事件では、いずれも実行犯である工藤會田中組員らのみならず、工藤會理事長・菊地啓吾までを検挙している。そして、菊地や中西正雄、そして実行犯の多くが一審で有罪判決を受けている。

一連の襲撃事件等は次のとおりだ。

なお、②の傷害事件は当時、標章関連事件としては把握していなかった。個人的な怨恨等による事件で暴力団との関連はないと見てしまっていた。令和元年十月、福岡県警は実行犯らに加え、事件を指示した工藤會山本組長・山本峰頁、工藤會山下組長・山下義徳ら八名を検挙している。山本は工藤會懲罰委員長、山下は同じく理事長補佐、いずれも執行部のメンバーだ。二人の上位者は、野村総裁、田上会長、会長代行・本田三秀、理事長・菊地啓吾しかいない。

**①八月一日　北九州市八幡西区の標章掲示店舗入居ビルに対する放火事件**

平成二十四年八月一日午前三時四十分頃、北九州市八幡西区の標章掲示店舗入居ビルのエレベーターに男が放火し、エレベーター等を損傷した。

**②八月十日　北九州市八幡西区の標章掲示店舗男性従業員に対する傷害事件**

八月十日午前二時三十分頃、北九州市八幡西区のマンション駐車場で、標章掲示店舗の男性従業員（当時三七歳）に対し、男がアイスピックようの凶器で左太ももを突き刺し加療約一週間の傷害を与えた。

※令和元年十月　工藤會山本組長・山本峰貢、山下組長・山下義徳らを逮捕

**③八月十四日　北九州市小倉北区の標章掲示店舗入居ビルに対する連続放火事件**

八月十四日午前四時三十分以降、北九州市小倉北区の繁華街で、工藤會幹部らが標章掲示店舗入居する二つのビルに連続して放火した。

※平成二十六年十一月　工藤會理事長・菊地敬吾、田中組若頭・田口義高らを逮捕

**④八月三十日　北九州市八幡西区の標章掲示スナック前路上における女性経営者に対する殺人未遂事件**

八月三十日午前二時十分頃、北九州市八幡西区の標章掲示スナック前路上で、店から出て来た女性経営者（当時四四歳）に対し、男が刃物で左顔面に斬りつけ、更に背部を刃物で突き刺し重傷を負わせた。

**⑤九月一日　北九州市小倉北区マンションにおける女性飲食店経営者に対する殺人未遂事件**

九月一日午前一時三十分頃、小倉北区の繁華街で飲食店を経営する女性経営者（当時五五歳）がマンション自室に帰宅し入り口の鍵を開けようとしたところ、男が刃物で女性の顔面、腹部を斬りつけ重傷を負わせた。

**⑥九月七日　北九州市小倉北区のマンション入り口における標章掲示ラウンジ女性経営者等に対する組織的殺人未遂**

九月七日午前一時頃、北九州市小倉北区のマンション入り口付近で、帰宅した標章掲示ラウンジの女性経営者（当時三五歳）がタクシーを降車したところ、工藤會幹部が刃物で女性の顔面を斬りつけ、更に腰付近を刺して殺害しようとしたが未遂に終ったもの。同幹部はこれを制止しようとしたタクシー運転手（当時四〇歳）の首などを刺し重傷を負わせた。
※平成二十九年六月　工藤會理事長・菊地敬吾、田中組若頭・田口義高らを逮捕

**⑦九月十日　北九州市小倉北区及び八幡西区における標章掲示店舗に対する連続脅迫事件**

九月十日午後九時頃から翌日午前〇時すぎ頃までの間、北九州市小倉北区及び八幡西区の標章掲示店舗多数に男が「標章外せ」、「帰り道気をつけろよ」、「今日はお前の番」等と電話で脅迫したもの。

**⑧九月二十六日　北九州市小倉北区のマンション入り口における標章掲示クラブ役員に対する組織的殺人未遂事件**

九月二十六日午前〇時四〇分頃、北九州市小倉北区のマンション入り口で、工藤會幹部が

帰宅した標章掲示クラブ役員（当時五四歳）の腰などを刃物で刺し重傷を負わせた。
※平成二十八年六月田中組若頭・田口義高らを逮捕、平成三十年四月、工藤會理事長・菊地敬吾らを逮捕

**⑨九月二十八日　北九州市小倉北区における飲食店経営者等に対する連続脅迫事件**
九月二十八日午後一〇時頃、北九州市小倉北区の⑧事件クラブが所有するビルに入居した飲食店十数軒の経営者等に工藤會幹部が電話で脅迫したもの。
※平成二十七年五月　田中組幹部を逮捕。証拠不十分で不起訴

③の小倉北区における連続放火事件、⑥の女性経営者とタクシー運転手に対する組織的殺人未遂事件、そして⑧のクラブ役員に対する組織的殺人未遂事件は、いずれも菊地啓吾以下の田中組幹部、組員らが関与している。菊地を含む関係組員の公判で明らかになっているように、田中組は小倉北区の繁華街から定期的に相当額のみかじめ料を徴収していた。
⑥の被害者も、以前は田中組にみかじめ料を支払っていた。だが、新たな店を出店した頃

から、田中組との関係を徐々に絶とうとしていた。菊地本人も店に出入りしていたが、女性経営者はやんわりと菊地に対し、来店を断ったようだ。その意味で、菊地には十分な原因動機があると言える。だが、②の八幡西区の事件は、工藤會懲罰委員長・山本峰貢と理事長補佐・山下義徳、いずれも工藤會執行部メンバーの指示で行われている。

彼らに実際に指示命令できるのは、野村総裁、田上会長だけだ。

山本、山下を始め起訴された組員全員が初公判で起訴内用を認めている。また、山本、山下両名を除く組員四名は工藤會を離脱した。弁護人による被告人質問で、山下は②の事件に関与した元組員らについて「今はカタギ（一般市民）として頑張っている。できるだけ寛大な処分をお願いします」と述べ、自身も判決後に工藤會を離脱すると宣誓した。

また、山本は「会長に『カタギにならせてください』と伝えている」と証言した。

その一方、事件の背景や上層部からの指示に関しては、山下被告が「黙秘します」、山本被告が「わかりません」としか述べなかった。工藤會を既に離脱、あるいは離脱を決意しているにもかかわらず、二人は上位者については黙秘した。

ここでも頂上への糸が切れている。

## 二　組織犯罪の防止と検挙のために

### 事件関係者の協力

野村総裁、田上会長の四事件をはじめ、一連の工藤會裁判において、被害者を含めた事件関係者、事件に関与した工藤會幹部・組員らの協力がいかに重要だったたか、ということを痛感する。

梶原事件第一次捜査では、公判中の平成十五年六月、実行犯・中村数年の内妻が協力してくれた。これにより、中村が犯行に使用された拳銃を事件前日、マンションで暴発させていたことが明らかになった。この事実は今回の野村総裁らの判決でも重視されている。

この野村総裁らの判決で、梶原事件、更には歯科医師事件で田上会長の関与を明確にしたのが、田上会長と梶原一郎氏の連絡役であった上野次郎氏の証言だ。そして上野氏が警察、検察の捜査に協力するようになったのは、野村総裁らが逮捕、起訴されてからのことだ。

もちろん、今回の野村総裁らの事件については、着手前から、多くの関係者の協力を新たに得ている。起訴後もその努力を続けた結果、今回の有罪判決に繋がっている。

また、実行犯を含め、関与した多数の組員が事実関係を認め、上位者の指示等も認めている。そして県警は、彼らの供述により犯行に使用された拳銃やバイク等を発見、押収している。それらは彼らの供述の証明力をより確実なものとしている。

一方で、工藤會ナンバー3の菊地敬吾や他の執行部幹部、その下の田中組幹部らで止まっている事件も多い。現時点で、そして現行の司法制度のままでは、これらの事件で野村総裁、田上会長らの有罪はおろか検挙も難しいだろう。

梶原事件などでは、工藤會と被害者側の過去の関係が捜査協力への障害になった可能性がある。暴力団関係事件では、過去、あるいは最近まで暴力団と一定の関係を有していた被害者や関係者も多い。それらの関係が、警察、検察への協力を躊躇させている。

これまでも暴力団対策法や暴力団排除条例など、一定の法整備が行われてきた。

そして、それが大きな効果を生んだことも間違いない。だが、暴力団は馬鹿ではない。彼らはより活動を巧妙化していくだろう。

まずは、被害者側から真の協力を得る必要がある。そして事件に関与した組員や暴力団親交者らの協力も必要だ。

現状は、担当捜査員の力量、人間性によるところが大きい。真に罰すべきは、組織のため嫌嫌ながらも事件に関与した者ではなく、自らの利益のため彼らを操る首謀者だ。そのためには、それを引き出す法的制度が必要だと思う。具体的には、寛大処分や日本版司法取引である合意制度の活用だ。

そして更なる組織犯罪対策のために、世界標準の法的武器を整備していただきたい。前著『福岡県警工藤會対策課』（彩図社）とやや重複する部分もあるが、以下に私が考える「武器」となりえるものを列挙していきたい。

## 捜査協力者への寛大処分

一連の工藤會裁判では、中間幹部クラスを含む工藤會組員の多くが、捜査段階で協力し、中には野村総裁、田上会長らの公判で証言してくれた者もいる。

一連の組織的事件で最も非難されるべきは、卑劣な暴力を命じた暴力団組織のトップだ。暴力団社会を表すものとして「黒いカラスも白い」という言葉がある。暴力団社会では親分が絶対だ。

カラスは黒いが親分が「白い」と言えば、それに従うのがヤクザ社会、暴力団社会だ。公判の被告人質問で、女性襲撃を命じられた本田組幹部は「それを指示した組織に嫌気がさした」と述べている。捜査、公判に協力した組員らも同じ気持ちだろう。

真に自らの行為を反省し、事件に関し自らの行為のみならず、指示命令者についても真実の供述を行った彼らに対しては、より寛大な処分が必要だと感じる。

一方、現在の工藤會ではどこまでできるか疑問だが、これまで工藤會はジギリと呼ばれる工藤會組織のための事件を起こし、検挙され、服役した組員に対して金銭面のみならず、出所後の工藤會内の地位について様々な優遇措置を講じてきた。

公判で明らかになっているように、梶原事件の中村数年と古口信一に対し、毎月二〇万円を工藤會事務局は積み立てていた。刑務所を出所すればこの金を受け取ることができるのだ。

中村には平成十五年に亡くなった内妻とは別に、事件後に内縁関係になった女性がいた。

田中組事務局は、少なくとも平成二十六年六月から平成二十七年五月まで、この内妻に毎月五万円を手渡していた。また、服役中の中村宛にこの内妻名義で不定期に五〇万円あるいは一〇〇万円の金を送金していた。

今回、公判であるいは検察官に対し事件への関与を認めた組員らには、この恩典は当然認められない。

今回の福岡地裁は野村総裁に死刑の判決を下した。

私は、究極の刑罰として死刑は残すべきと考えているが、死刑制度にはいろいろ賛否がある。その中には死刑の威嚇効果、犯罪抑止効果について疑問を呈するものもある。

死刑を含む刑罰の軽重を常に意識し、活動している者たちがいる。それは暴力団だ。組織的な暴力集団が暴力団だが、彼らは組織的に殺人を行うことには慎重だ。

現時点で継続している六代目山口組と神戸山口組、池田組の一連の抗争事件を見ても死者は一桁だ。中にはわざわざ「自首」する者もいる。少しでも刑を軽くするためだ。

ところが、暴力団対策法制定以前の昭和六十年（一九八五年）中、暴力団抗争事件での死者は三二名、傷者も七九名に上っている。

特に暴力団対策法制定後、抗争事件のみならず暴力団による死者は大幅に減少している。暴力団対策法の効果もあっただろう。だが何よりも、殺人事件、特に銃器を使用した暴力団による事件に対し、厳罰化が進んだ影響が大きいと思う。

野村総裁ら逮捕の直前に発生した元女性従業員事件では、刃物の刃先に粘着テープを巻いて彼らなりに相手の負傷程度を抑えようとしている。その結果、実行犯は、組織的殺人未遂や通常の殺人未遂ではなく傷害事件として懲役三年が確定している。

国内の殺人事件は年々減少を続け、警察庁の統計によると令和四年中の認知件数は八五三件だった。同年中の検挙人員は七八五人で、うち暴力団員等は七九人、全体の約一〇%だ。

過去最多は、昭和二十九年（一九五四年）中の三〇八一件で、この前後が昭和元年以降で最も多かった。また、この頃は福岡県の発生が全国最多で、正に「修羅の国」だった。

そして殺人事件検挙人員で、暴力団が最も多かったのが昭和三十一年だ。二六一七件発生し、検挙人員は二八六二人、うち一〇七八人、検挙人員全体の約三八%が暴力団員だった。正に当時は「暴力団」そのものだ。

なお、昭和三十年頃、殺人事件が全国最多だった福岡県だが、令和四年中の認知件数最多は大阪、東京、神奈川と続き、福岡は九位だった。

山口組員二名を殺害した紫川事件で、事件を指示した草野高明は懲役わずか十年だった。平成十年発生の梶原事件では、実行犯の中村数年は無期懲役、犯行見届け役で犯行使用車両を準備させた古口信一は懲役二十年となり獄中で病死した。

問題点は、今回、自らの犯罪を認め捜査にも協力し、更には野村総裁、田上会長の公判で証言してくれた工藤會組員らの刑事処分だ。

元警部事件、歯科医師事件の実行犯で、看護師事件では実行犯の送迎役を務めた工藤會田中組々長付・中田好信に対し、検察は懲役三〇年を求刑した。そして判決も懲役三〇年、未決勾留の八〇〇日が差し引かれたにすぎない。

複数の襲撃事件に関与し公判で証言した田中組員も同様だ。彼は襲撃事件で犯行用バイクを準備したり、送迎役を務め、暴排標章制度に関連した放火事件の実行犯でもある。この田中組員に対し検察は、懲役二〇年を求刑した。

求刑理由について検察官は、関与が従属的であること、既に工藤會から離脱していることに加え、「被告が他の共犯者に先駆けて関与を自白し、事件の全容解明に大きく寄与した。真摯な反省から真相を供述した被告に対して、その勇気ある決断を最大限尊重した」と説明している。

結果は懲役一八年八月だった。この組員も中田も控訴したが、いずれも棄却され確定した。中田らは、いずれも組織的殺人未遂事件に関与しており、特に中田は二つの事件の実行犯だ。組織的殺人の罰則は死刑又は無期若しくは六年以上の懲役だ。この求刑、判決、いずれも現時点ではやむを得ない判断だと思う。

だが、捜査に積極的に協力してくれた中田らに対する判決を見て、自分も積極的に警察、検察に協力しようと考える暴力団員らがどれだけいるだろうか。

## リーニエンシー（課徴金減免制度）

過去、暴力団に対しみかじめ料や地元対策費などを提供してきた建設業者や飲食店経営者に対しても、今後、暴力団との関係を絶とうとする決意が本物なら、寛大な措置を行うべきだと思う。

ここで参考となるのが、リーニエンシー（leniency）とも呼ばれる課徴金減免制度だ。リーニエンシーは寛大、寛容とも訳される。事業者が関与したカルテル・入札談合について、その違反内用を公正取引委員会に自主的に報告した場合、課徴金が減免される制度だ。

カルテルや入札談合により、これに加わった事業者は価格を不当に釣り上げたり、公共工事等の落札金額を不当に引き上げることができる。公共工事等の入札談合では、落札者を順送りしたり、不当利益の一部を他の参加事業者に分配することもある。その場合、不当な負担が市民に押しつけられてしまう。

課徴金減免制度は、公正取引委員会への報告の順序が早いほど、真相解明への協力が大きいほど、寛大な処分が行われる。

令和五年三月三十日、公正取引委員会は、事業者向けの電力供給に関し、大手電力会社が互いの顧客獲得を制限するカルテルを結んだとして、中国電力、中部電力と子会社、九州電力に対し、独占禁止法違反で約一〇一〇億円の課徴金納付命令を出した。

課徴金納付命令としては過去最高金額だ。

このカルテルには関西電力も加わっていたが、関西電力は課徴金減免制度（リーニエンシー）に基づき、公正取引委員会の調査開始前に違反を申告し、行政処分を免れた。九州電力は、調査開始後に違反内容を申告し、調査に協力したため課徴金を三〇％減額されている。

電力自由化により新規電力が拡大している。これに危機感を抱いた、これらの電力会社が、互いの営業エリアでの不可侵条約とも言うべきカルテルを結び、結果、営業エリア内の料金の高止まりを続けようとした。顧客に高負担を強いるが、自分たちには利益となる。公正取引委員会がメスを入れなければこのカルテルは続いていただろう。

ここで大きな武器となったのが、平成十八年に導入された課徴金減免制度だ。

公正取引委員会の調査前に最も早く申告した事業者は、課徴金が全額免除される。また刑事告発も免除される。調査開始後でも、いち早く自ら申告、調査に協力すれば、最大で六〇％減額される。

この課徴金減免制度は、東京オリンピック、パラリンピックで電通などの大手広告会社が行った談合でも行われている。

## 暴力団排除条例のリーニエンシー

余り知られていないが、この課徴金減免制度に似た仕組みが、暴力団排除条例にも規定されている。ただし、それが取り入れられたのは比較的最近のことだ。

福岡県暴力団排除条例の場合、平成二十一年の制定当時から、事業者が積極的に暴力団の威力を利用する目的、あるいは威力を利用したことに関し、暴力団側に利益を供与することを禁止している（福岡県暴排条例第十五条第一項）。

また、事業者が、その事業に関し、暴力団の活動又は運営に協力する目的で、暴力団側に、相当の対償のない利益を供与することも禁止している（同条例第十五条第二項）。

暴力団の威力利用の利益提供は一年以下の懲役又は五十万円以下の罰金という罰則がある（同条例第二十五条）。そして暴力団の活動を助長する等の利益供与は公安委員会による勧告の対象となる。

そして勧告に従わなければ、その旨、公安委員会は公表することができる（同条例第二十二条）。

積極的ではなくても、みかじめ料や地元対策費の提供は、この第二項違反となるだろう。勧告はともかく公表に至れば事業者にとっては大きなダメージだ。顧客や金融機関が取引を中止することも十分あり得る。

このため、以前からみかじめ料等を暴力団側に提供してきた事業者は、暴力団側への資金提供を止めたいと思っても、警察への相談を躊躇せざるを得なかったのではないだろうか。

暴力団排除標章を掲示し、工藤會田中組員に襲撃された女性経営者は、以前は田中組にみかじめ料を支払っていた。

被害者は、以前営業していた店では工藤會組員の入店を認めていた。だが、新たな店を開業した後は、田中組を含めたすべての暴力団員を客として店内に入れない方針を徹底していた。工藤會理事長兼田中組々長・菊地敬吾が、平成二十四年前半頃、被害者が不在の折りに客として同店を訪れたこともあった。被害者は、後日菊地に会った際、菊地に対して、遠回しに今後の入店を拒絶している。

その結果、同年九月、店を終え自宅マンションにタクシーで帰宅した被害者を田中組幹部・坂口鉄二が襲い、被害者の顔面、腰などを突き刺し加療約四か月の重傷を負わせた。また、坂口は被害者を助けようとしたタクシー運転手にも斬りつけ負傷させた。

福岡県暴排条例では、平成二十八年の改正で、勧告を規定した第二十二条に第二項が追加された。

それは、公安委員会が勧告を行う前に、事業者が暴力団側への資金提供事実を報告等し、かつ、将来にわたって違反行為を行わない旨の書面を提出すれば勧告を行わないというものだ。

現在はともかく、平成二十六年九月に、野村総裁、田上会長らが検挙されるまで、北九州市で暴力団と関わらざるを得なかった事業や商売を行う人たちが、工藤會に対しどれだけ脅威を感じていたか。特に、取り締まる側の警察は十分理解できていなかったのではないか、と反省している。

恐らく、北九州市のみならず全国各地でも、いまだ暴力団にみかじめ料を支払っている店は多いと思う。警察は、歓楽街などで一斉立入りや防犯指導を行っているが、初対面の警察官に対し、暴力団との関わりを話す者はまずいない。

暴力団と関わらざるを得なかった人たちに、暴力団との関係を真に断ってもらうためには、警察の誠意ある対応が必要だ。そして過去はともかく、これから暴力団との関係を絶とうとする人たちには、この暴力団排除条例の規定を活用し、寛大な対応と徹底した保護が必要だと思う。

## 警察が「悪役」となる

工藤會に積極的に地元対策費を提供していた建設業者については徹底的に取り締まった。一方で、暴力団関係とは気づかず業者の集まりや飲酒会合等に参加してしまうこともある。その場合、知らずに参加したり出席した業者などは、あくまでも指導に止めた。

平成十八年三月に、工藤會対策の現地本部を構築後、これら工藤會関係業者の取締りと情報収集を強化した。そして、情報収集を担当した企業情報班は、取締りと全く切り離した。企業情報班は、工藤會関係企業とも積極的に接触していった。また、彼らが警察の取締り対象となっていることも隠さなかった。

検挙された業者の中には、「野村さんに死ぬまでついて行く」と言い切った業者もいたが、結果的に廃業した。

しかし、そのような数社を除きほとんどの業者は、警察から検挙されたことを機に工藤會との関係を断ってくれた。その際、企業情報班が指導したのが、「少しずつ距離を取る」ことと、警察を「悪役」とすることだった。

それら企業が検挙され、公共工事からは排除されるなど打撃を受けたことは工藤會側も承知している。検挙後も工藤會側は密かに接触を続けたが、その際に工藤會側へは「今も警察から目を付けられている」と説明するよう指導した。だから、工藤會に協力したいができないのだと。

事件後も、警察から目を付けられ、今も時々、刑事がやってくるとも伝えてもらった。実際、事件後も企業情報班は接触を続けていた。

結果的に、警察が悪役を引き受け、少しずつ工藤會から離れていった企業は工藤會との関係遮断に成功した。

この手法は、みかじめ料支払を止めたいと考える飲食店や風俗店にも応用可能だと思う。警察から、暴力団へみかじめ料等の資金提供を行っているのではないか、と疑われていると暴力団側に伝えるのだ。

あるいはあえて公安委員会が勧告を行っても良いのではないだろうか。受け取った勧告書を暴力団側に見せても良い。ただし、勧告に従えば公表はされない。だから、今は協力できないと暴力団側に伝えて、徐々に距離を取っていくのだ。

## 日本版「司法取引」合意制度

平成二十八年五月の刑事訴訟法等の一部改正により日本版「司法取引」制度が採用されたことは余り知られていない。この制度は「合意制度」と呼ばれている。

合意制度とは、被疑者・被告人が特定の犯罪に係る他人の刑事事件について、真実の供述をすること、証人尋問で真実の供述をすること、証拠提出に必要な協力をするなどが前提となる。

その上で、検察官が被疑者・被告人の事件について、その協力行為を考慮し、公訴を提起せず、あるいは軽い訴因で起訴したり、求刑を軽くするなど有利な取扱いをすることを「合意」することができる。

対象となる犯罪は、組織的詐欺や薬物犯罪、銃器犯罪等の特定犯罪に限定される。現時点、組織的殺人は含まれていない。起訴が取り消されれば、当然、裁判も打ち切られることになる。捜査機関に新たな法的武器を与えた合意制度に関しては、批判的意見が目につく。一つは冤罪を生む可能性があるという主張だ。

被害者、参考人の中には虚偽の犯罪を申告したり、人を陥れようと虚偽の供述を行う者もいる。私が知能犯係長当時、被害者が嘘をつき、被疑者の申立てが真実だった事件もあった。幸か不幸か、被疑者が他に複数の事件を行っていたため、全体的には誤認逮捕、冤罪とならずに済んだ。以後、被害者も時に嘘をつくということを肝に銘じた。また、善意の目撃者などの参考人も、勘違いや記憶の薄れなどにより、事実と異なる供述をすることはざらだ。

合意制度は、「真実」という点が強調されている。捜査側に有利な供述をしたから便宜を図るというものであってはならない。そして捜査側は、完全は無理でも、より真実に近づく努力を怠ってはならない。

取調べで安易に「検察官に起訴しないよう頼んでやる」とか「求刑を軽くしてもらう」な

ど言ってしまうと、供述の任意性が失われてしまうこともあるだろう。

犯罪捜査の基本を定めた犯罪捜査規範では、合意制度については「取調べと明確に区別」と規定しているが、現実的には中々難しいのではないだろうか。

既に現場を離れた者の個人的意見だが、例えば検察官がその事件について起訴・不起訴を決定した後、公判での求刑までの間に合意制度を活用したらどうだろうか。

合意制度では起訴の取り消し、特定の求刑を行うことが可能だからだ。暴力団員の中には、自らの犯行を反省し、上位の者の指示等について正直に供述している者も多い。そのような者について、事件が比較的軽微な場合は起訴を取り消すことが可能だ。

正攻法の取調べ、徹底的な裏付け捜査を行い、それに基づき、検察官に起訴・不起訴を判断してもらう。そして起訴後に、合意制度を活用するならば、供述の真実性を失わせることにはならないのではないだろうか。

## 三　対ルフィ〜欧米並みの捜査の武器を

### 潜入捜査・おとり捜査

令和五年一月、東京都狛江市で強盗殺人事件が発生、警視庁の捜査により実行犯らが逮捕された。彼らはSNSによりルフィと名乗る指示役から指示を受け、凶悪事件の最たるものの強盗殺人を敢行した。強盗殺人は死刑又は無期懲役という最高刑が科せられる。実行犯らは、自分たちが逮捕され厳しい処罰が科せられるとの認識はなかっただろう。

その後の捜査により、フィリピンに潜伏していた指示役とみられる男たちが逮捕された。SNSを利用した闇バイト、そして違法薬物の密売はますます増加している。一方、警察はこれら闇バイトや違法薬物の密売に関するSNSについては、警告メッセージを書き込むなどの対策を行っている。現状ではやむを得ない措置だが、いたちごっこの感を拭えない。

司法取引や潜入捜査など、アメリカやヨーロッパ諸国は組織犯罪対策のため必要な捜査の武器を整備してきた。

一方、我が国では、遅ればせながらも暴力団対策法や組織犯罪対策法、そして暴力団排除条例などが整備されてきた。だが、取締りを規制する刑事訴訟法などの司法手続は戦後ほとんど変わっていない。SNSを利用した特殊詐欺、更には強盗、大麻等違法薬物の密売に対抗するためには、アメリカや欧米で行われている潜入捜査等も検討の時期ではないかと思う。

既に、厚生労働省の麻薬取締官や都道府県職員である麻薬取締員は、麻薬及び向精神薬取締法により、麻薬犯罪捜査にあたり、厚生労働大臣の許可を受けて、何人からも麻薬を譲り受けることが認められている。令和三年三月には東海北陸厚生局麻薬取締部が、ツイッターを使い大麻を密売していたグループの男女五人を逮捕している。是非この手法をどんどん活用していただきたい。そうすれば、密売人らもSNS等の利用に慎重になることだろう。

平成十五年版警察白書の『海外における組織犯罪の現状と対策』は、主要国の組織犯罪対策を解説している。これを見ると、アメリカ、フランス、ドイツなどで、潜入捜査が認められている。具体的には、麻薬犯罪や武器取引等の重大な犯罪について、警察官が架空の身分を与えられ、架空身分のために必要な文書を作成、使用等できる。例えば偽の運転免許証などが該当するだろう。その活動は厳格に定められている。

ルフィらの手口では、ＳＮＳで募集に応じた者に対し、運転免許証の画像を事前に送らせたり、家族関係を報告させ、裏切らないよう脅しをかけている。

免許証の住所地をどうするかという問題はあるが、最新技術を使えば、架空の人物写真や更には動画すら容易に作成できるだろう。ＮＨＫは美空ひばりさんや荒井由実（当時の松任谷由実）さんの姿をＡＩで製作、歌まで歌わせていた。

特殊詐欺や強盗の指示者、違法薬物密売者などは、既に犯罪を決意している。

ＳＮＳを利用した違法薬物の買手が警察官や麻薬取締官だったり、闇バイトの応募者が警察官かもしれないとなれば、ＳＮＳ等を利用した犯罪の抑止にも繋がるのではないだろうか。

そのためには新たな法的根拠が必要だ。

## イタリアのマフィア対策

工藤會は全国唯一の特定危険指定暴力団であり、これまでも元警部事件や警察宿舎へのダイナマイト設置など、警察に対しても牙をむいてきた。

これを上回る凶悪、凶暴な暴力的犯罪集団だったのが、イタリア南部シチリア島のシチリア・マフィアだ。現在も壊滅には至っていない。

マフィアは市民だけではなく、警察官、検察官、政治家まで次々と暗殺してきた。

イタリア政府もマフィア対策に力を入れてきたが、ここでもマフィアメンバーの協力が大きな成果を上げた。

マフィア対策で効果をあげ、暴力団等組織犯罪対策に是非取り入れていただきたい制度が次の三つだ。

**①改悛者制度**

テロ対策で設けられた制度だが、一九九一年三月、マフィア等の犯罪組織にも拡大された。組織犯罪を行ったマフィアメンバーなどが、共犯者から離脱し、被害の発生防止に努めたり、捜査当局の証拠収集に「協力」すれば刑が減刑される。無期懲役は一二年以上二〇年以下に、有期刑は三分の一から二分の一に減刑される。改悛者は、次の「証人保護プログラム」を受けることができる。

日本の合意制度は起訴前の被疑者、あるいは起訴され刑が確定する前の被告が対象だ。既に刑が確定した者が協力した場合の規定はない。

工藤會の一連の事件で捜査に協力し、しかも野村総裁らの公判で証言した中田好信は求刑、判決ともに懲役三十年だった。工藤會の組織的事件では、取調べ段階で捜査員に事件への関与や上位者の指示を認めている者も少なくない。だが、供述調書の作成には応じない。自らの刑期を増やすだけだからだ。

改悛者制度は、全く刑に問われないのではない。上位者の指示によるものとはいえ、一連の襲撃事件のように命の危険を招きかねない行為自体は罰せられるべきだ。だが、真に反省し、より悪質性の高い上位者の指示などの認め、証拠収集等にも協力した者については、イタリアのように刑の減刑があっても良いのではないだろうか。

**②証人保護プログラム**

イタリアやアメリカ等にあって、我が国にはないのが、法的な証人保護プログラムだ。

改悛者や証人など、司法当局に協力して、証言等を行い、重大かつ現存する危険に晒されている者及びその家族が対象となる。警察等の保護措置のほか、氏名など身分の改変、居住地の変更、一定の経済支援も受けることができる。

野村総裁らの公判で証言してくれた元藤木組親交者のM氏は、平成十九年三月、北九州市内で拳銃で撃たれ負傷している。警察の保護対象者となっているが、現在の保護対策では名前を変えたり、経済的支援を受けることもできない。

暴力団排除条例では、暴力団排除活動等により暴力団から危害を加えられるおそれが認められる者に対し、警察本部長は保護のための必要な措置を講ずることとしている（同条例第七条）。だが、そこには氏名の変更、住民票等の閲覧制限、経済的支援は含まれていない。

工藤會対策では、これまでも捜査あるいは警察活動の一環として、証人・協力者保護を行って来た。だが、そこには限界がある。

平成二十九年、我が国は十七年間批准できなかった『国際組織犯罪防止条約』を批准した。報道等では「共謀罪」に注目が集まったが、同条約には証人及びその親族等の保護、被害者の保護等の規定がある。

是非、この証人保護プログラムについても、前向きに議論を進めていただきたい。

## ③マフィア財産の没収

イタリアではマフィアメンバーの財産が明らかになった場合、その財産について、マフィア側がその入手先を立証しなければならない。マフィア側が正当所得と立証できなければ、その財産は没収される。

日本でも、暴力団等に関し国税側へ税務調査を促す「課税通報」を行っている。しかし、それはあくまで通報にすぎない。実際には、多額の現金や預貯金を発見しても、それがいつどのような状況で得た所得なのか立証できないことが多い。

工藤會関係企業の取締りでは、相手が企業だったため、国税当局は数億円を徴収している。暴力団は法人格のない任意団体だが、今回の野村総裁の脱税事件では、口座の管理状況や、一部の所得について関係者からの証言が得られたため、脱税を立証できた。また、野村総裁の預貯金等も事前に押さえることができた。

工藤會ナンバー2の田上会長も、私が担当していた当時、年間二〇〇〇万円以上の支出が確認できた。しかも確定申告していた。

今回の公判で、検察側が、多額の確定申告をしていたことを取り上げ、田上会長の収入について追及した。だが田上会長は「言いたくありません」と答え、それで終わっている。工藤會・野村総裁は脱税で検挙され、一審は有罪を宣告している。

だが、他の暴力団のトップについてそれが可能だろうか。

暴力団対策法は幾度か改正されてきた。指定暴力団員による指定暴力団の威力を利用した威力利用資金獲得活動については、指定暴力団の代表者が損害賠償の責任を負う。

令和五年三月、工藤會組員による特殊詐欺の被害者四人が、野村総裁らを相手取り、横浜地裁に約一三七三万円の損害賠償請求訴訟を提起した。そして福岡県警は工藤會側に対し、請求を妨害する行為を行わないよう仮命令を出した。

この損害賠償請求訴訟も暴力団の資金に対し有効な武器ではあるが、被害者側が訴訟を提起しなければならない。

自ら手を汚す必要のない指定暴力団のトップだけでも、財産の入手先の正当性の立証責任を課し、立証できなければ没収することとすれば、大きな打撃を与えることができるだろう。

# 四　迷った時は警察法二条

## 事件検挙主義

これまで、野村総裁、田上会長が一審で有罪とされた四事件を含めた、工藤會事件の概要と暴力団事件捜査の課題を私なりに整理してみた。

暴力団事件を検挙し、有罪を獲得するためには、検察の理解と協力が不可欠だ。

一方で、警察の責務は暴力団事件の検挙だけではない。何よりも、事件を起こさせないこと、被害者も加害者も作らないことが最大の責務だと思う。

だが、これまでの暴力団対策において、この重要な視点が欠けていたように思う。それが、暴力団事件被害者側からの協力が中々得られなかった理由の一つではないだろうか。

定年退職まで、警察官人生の大半を刑事警察、それも暴力団対策に従事してきた。

暴力団対策を担当するようになったのは、警部補時代の最後の二年間、捜査第四課勤務となってからだ。

刑事警察の最重点は事件検挙だ。暴力団事件を担当する捜査第四課、殺人・強盗等の強行犯事件を担当する捜査第一課など、その花形は事件捜査を担当する特別捜査班、略して特捜だ。

刑事部門が長い警察官ほど、この事件検挙を第一に考える事件検挙第一主義者が多かったように思う。

「悪い奴を捕まえたい」という素朴な気持ちから警察官を拝命し、刑事となった私だが、警視に昇任し、博多警察署刑事管理官、捜査第四課北九州地区担当管理官を経験した頃から、悪い奴を捕まえるだけで良いのかと、事件検挙第一主義に違和感を感ずるようになってきた。

平成十二年八月、組織犯罪対策課の暴力団排除担当補佐から、全く畑違いの監察官室特命監察官付に異動となった。監察官室は「警察の警察」とも呼ばれ、警察職員のお目付役だ。

しかも、この頃、全国警察では警察不祥事が続発していた。それは福岡県警でも同様だった。

その最たるものが中洲カジノ汚職だった。中洲の違法カジノから、現職警部補が多額の賄賂を受け取り、捜査情報を流していた事件だ。私は、このカジノ汚職の初期対応に従事した。

このカジノ汚職捜査は県警本部の捜査第二課が専従態勢で捜査したが、その過程で、道仁会々長から多額の賄賂を受け取っていた別の警部補が検挙され、道仁会々長共々、有罪が確定した。警部補は、逮捕されたときは警察署のパトカー勤務だったが、それ以前は長く、捜査第四課特捜班で勤務していた。

九州一の歓楽街・中洲を管轄する博多署には、平成十四年三月から翌年三月までの一年間勤務した。刑事管理官である私に、署長から一番に命じられたのが、違法カジノの壊滅だった。結果的に、担当課長以下、署員の粘り強い活動により、一時的とはいえ、違法カジノを一掃することができた。

一方で、凶悪事件も多発した。全国的にも、この平成十四年中は、刑事事件認知件数が戦後最悪の年だった。博多署で勤務した一年間に、殺人事件が六件、五件の殺人未遂事件、そして同じく五件の傷害致死事件が発生した。十一人の市民が命を奪われた。

当時の各課長以下、捜査員たちの努力で、殺人事件一件を除き、在任中に全て検挙することができた。未検挙の殺人事件一件も、私が異動した後に検挙している。犯罪統計上では検挙率百パーセントになる。刑事警察の視点からは百点満点だ。だが、発生した事件を百パーセント検挙すれば、それで警察の責務は果たされたと言えるのだろうか。

捜査第四課で工藤會対策を担当するようになった平成十五年の八月、小倉北区の繁華街で倶楽部ぼおるどに工藤會組員が手榴弾を投げ込み、女性十二名が重軽傷を負った。

この頃まで私は、社会に深く根を張った暴力団を壊滅することは不可能と思っていた。だが、工藤會、暴力団が存在する限り、再び、このような事件は発生する。この事件を機に、私はどれだけ困難であっても工藤會壊滅を目指すこととした。

そして、暴力団事件の検挙だけではなく、暴力団の活動を支える資金源にもメスをいれると共に、暴力団への加入阻止、離脱促進にも力を入れるべきだと考えを改めていった。

## 警察活動の原点　迷った時は警察法二条

警察人生の最後三年間、久留米署長を二年、交番・駐在所、自動車警ら対等を管轄する地域部長を一年、それぞれ務めた。

その時、よく口にした言葉が「迷った時は警察法二条」だった。

警察が行う暴力団対策についても、この言葉は通用すると思う。

警察官が警察学校に入学し、まず憶えさせせられるのが警察法第二条だ。

**警察法**

（警察の責務）

第二条　警察は、個人の生命、身体及び財産の保護に任じ、犯罪の予防、鎮圧及び捜査、被疑者の逮捕、交通の取締その他公共の安全と秩序の維持に当ることをもつてその責務とする。

責務とは責任と義務、警察法第二条は、警察の責務を定める。ここで、犯罪の捜査、被疑者の取締に先立つものとして、「個人の生命、身体及び財産の保護に任じ」とあり、そのための手段として「犯罪の予防、鎮圧」が続く。

市民の安全・安心を守るため、そして被害者も犯罪者も生まないため、まず、犯罪を予防することが第一だ。だが、犯罪を完全に予防することはできない。そのため、犯罪が発生してしまった場合は、早期に鎮圧し、被害を最小限度に止める。

その次に位置するのが犯罪捜査、被疑者の取締りだ。

久留米署長当時、それ以前、そして現在も、福岡県警の最重点目標は「暴力団の壊滅」だ。だが、久留米署長当時、署員に指示した重点目標の第一は「交通死亡事故の抑止」、第二が「性犯罪の抑止」、三番目が「暴力団の壊滅」だった。

当時は、いまだ道仁会と九州誠道会の抗争は終結に至っていなかった。だが、両団体とも平成二十四年十二月に特定抗争指定暴力団に指定後は、抗争を完全にストップしていた。

私が着任して間もなく、交通事故で母親の車に同乗していた幼い男の子が亡くなった。たった一人の我が子を亡くした母親の悲しみは言い尽くせない。その後も、遠く離れた一人娘へ、贈り物を贈るために郵便局に出向いた女性が、車に撥ねられ亡くなった。

誰でも被害者にも加害者にもなり得るのが交通事故だ。交通事故をゼロにすることは困難だが、減らすことはできる。交通違反取締りだけではなく、事故防止のための広報ビデオなども署員に作ってもらい、安全活動にも力を入れた。

やはり着任後、間もない時期に、一人暮らしの若い女性が亡くなった。

一人暮らしの人が自宅で病死等した場合、発見が遅れることも多い。特に夏場は、遺体が腐敗し体全体が膨満することがある。

検死結果の報告を受け、御遺体の写真を見ると、膨満しているように見えた。実際は違った。女性は強制性交事件の被害者で、加害者は検挙され有罪が確定し服役中だった。女性は事件のショックで過食症になり、肥満状態になっていたのだった。

事件は検挙された。だが、被害女性を本当に守ることはできなかった。

管内の市民の安全・安心を守る治安の責任者として、この交通死亡事故の抑止と性犯罪の抑止を最重点課題とした。

## 真の暴力団対策

いまだ、国民の一部に暴力団を利用する者がいる。一方で、暴力団に食い物にされ、暴力団との関係を絶ちたくても、警察を信頼できず、暴力団との関係を続けている人たちもいる。

また、暴力団員になるために生まれてきた者などどこにもいない。

暴力団員にさせない、あるいは暴力団から離脱し、一市民として生活していくのを支援することも重要だ。

これまで、暴力団事件の被害者あるいは関係者から、真の協力が中々得られなかった背景には、警察法第二条の責務である市民の安全と安心を守る、という視点が不十分だったのではないか。そんな思いが消えない。

被害者も加害者である暴力団員も市民の一員だ。真の暴力団対策、それは被害者も加害者も作らないことではないだろうか。

# おわりに

平成二十六年九月以降の野村総裁、田上会長らに対する取締りは間違いなく大戦果、大成功であり、工藤會に大きな打撃を与えた。戦史で言えば、日露戦争の日本海海戦、太平洋戦争冒頭のハワイ真珠湾攻撃に匹敵するかもしれない。

一方で、野村総裁らに届かなかった事件、いまだ未検挙の事件も数多く存在している。

また、六代目山口組分裂に伴う抗争事件は現在も散発的に続いている。

令和元年十一月、兵庫県尼崎市で神戸山口組の古川恵一幹部が、自動小銃で射殺された。実行犯の朝比奈久徳は京都市内で逮捕された。拳銃や自動小銃まで取り出したが、なぜかそれ以上の抵抗はせずに現行犯逮捕されたようだ。この事件に関する一連の報道では、朝比奈は元山口組竹中組員と報道されている。朝比奈は覚醒剤使用で起訴され、事件当時は保釈中だった。山口組は表向き麻薬撲滅を標榜している。このため、覚醒剤事件で検挙され報道された場合、表向き「破門」することが多い。多くは偽装破門で、出所後、再び「復縁」し元の鞘に収まっている。朝比奈も偽装破門だったのではないだろうか。

令和四年四月、同人の上告を最高裁が棄却し、無期懲役が確定した。朝比奈はいつの間にか安東と姓が変わっていた。安東は朝比奈が所属していた竹中組・安東美樹組長の姓だ。暴力団社会ではままあることだが、公判中に安東組長と養子縁組を行い、実子分と呼ばれる親子関係となったのだろう。これにより安東組長が拘置所、刑務所で当人に差し入れを行ったり、面会が可能になる。元漁協組合長事件の実行犯・中村数年がそうだったように、多額の現金も差し入れできる。家族がいれば家族への経済的支援も行われているだろう。

安東組長自身も昭和六十三年、四代目山口組から分裂した一和会と山口組の抗争で、やはり自動小銃を使用している。他の組員らと一和会々長宅を襲撃、警戒中の警察官三名に重傷を負わせている。

一和会は解散、一和会々長は山口組に謝罪、引退した。安東組長は抗争終結の功労者だ。そして出所後は、竹中組を継承し、山口組最高幹部である若頭補佐に昇格している。竹中組は一和会との抗争で殺害された山口組四代目組長が初代になる。山口組若頭補佐である安東組長の実子分になったということは、山口組自体も朝比奈久徳を高く評価したということだ。

暴力団社会では親分は絶対だ。山口組々長が「抗争は止めろ」と指示すれば、抗争は直ちに終結する。

昭和五十八年十月、住吉連合会（現・住吉会）と極東関口一家（現・極東会）との抗争で、住吉連合会池田会組員が極東関口一家前で警戒中の警察官に発砲し、通りがかった専門学校生を負傷させ、警察官に重傷を負わせた。

当時、住吉連合会が所属していた関東地区の暴力団親睦会・関東二十日会では、民間人・警察官等抗争に関係ない者に危害を加えた者は破門又は絶縁することを決定していた。住吉連合会は、直ちに池田会を解散、会長を絶縁処分にしている。また抗争も終結した。

六代目山口組等による一連の抗争では、福岡県の暴力団とは異なり、「自首」や「現行犯逮捕」により多くの組員らが検挙されている。だが、上位者まで追求できた例は少ないようだ。まして、山口組トップの検挙は現時点不可能だろう。

工藤會の一連の襲撃事件でも、山口組等の抗争事件でも、上位者の検挙に至らない限り、彼らの暴力が止むことはない。

今回、一連の工藤會裁判の判決に触れ、人的証拠の重要性を再認識した。

どのような大戦果でも、完全な成功はあり得ない。成功が大きければ大きいほど、その陰の問題点には気付きにくい。

ハワイ真珠湾攻撃では航空戦の勝利が日本軍の勝利を決定づけたが、日本軍はそれに学ばなかった。その後も、大艦巨砲主義を脱することができなかった海軍は、戦艦大和や武蔵での艦隊決戦を目指した。

真珠湾奇襲航空部隊の指揮官・淵田美津雄氏の自叙伝によると、日米開戦に先立つ昭和十一年、淵田氏を含めた海軍の航空関係者で航空研究会を作り、航空戦の研究を始めたという。淵田氏らはマンモス戦艦無用論を唱え、「世界の三馬鹿、戦艦大和に、万里の長城、ピラミッド」などと航空母艦への切替えを主張したが、海軍上層部の怒りを買い、研究会は解散させられた。

真珠湾攻撃では、特殊潜航艇五隻による初の特攻攻撃も実施されたが、何の戦果もなく、乗員十名中九名が戦死、一名が捕虜となった。だが海軍はこれを隠蔽し、日本軍航空機による攻撃で撃沈した戦艦を特殊潜航艇の戦果と虚偽の発表を行い、戦死した乗員九名を軍神と讃えた。元々、無謀な戦争だったが、航空戦の重要性に気付いたアメリカとそれに気付こうとしなかった日本がどうなったか、改めて言うまでもない。

戦史、戦争の歴史もそうだが、より正確な歴史を知ることは大切なことと思う。ヤクザの歴史について現在入手可能なものは、ヤクザを容認、あるいは必要悪視する人たちによるものが主のように感じている。

幸い、国立国会図書館デジタルコレクションでは、戦前、戦後の内務省、警察を含めたより多くの資料を見ることができるようになった。ヤクザ、暴力団の壊滅を目指す側の視点に立つ「歴史」もあって良いのではないだろうか。やりかけとなっていた暴力団の歴史を是非完成させたい。

暴力団壊滅、道半ばだが、不可能とは思わない。そして許されざる者は、自らは手を汚すことなく、多額の資金を得ている暴力団トップだ。そして暴力団が壊滅しても常に組織的、暴力的犯罪集団はこれからも登場する。市民を守るため、被害者も加害者も作らないため、必要最小限度の武器を取締りの現場に与えていただきたい。

令和五年五月　藪正孝

著者略歴

**藪正孝（やぶ・まさたか）**

1956年北九州市戸畑区生まれ。1975年4月に福岡県警察官を拝命。刑事部門、暴力団対策部門に深く携わる。2003年3月、捜査第四課に新設された北九州地区暴力団犯罪対策室副室長への就任を皮切りに、主に指定暴力団「工藤會」対策に従事した。2016年2月に定年退職。同年4月、公益財団法人福岡県暴力追放運動推進センター専務理事に就任。2019年には、暴力団に関する正確な情報を発信するサイト「暴追ネット福岡」を開設した。著書に『県警VS暴力団 刑事が見たヤクザの真実』（文藝春秋）、『福岡県警工藤會対策課　現場指揮官が語る工藤會との死闘』（彩図社）。

**本文写真：著者提供（p75,p129,p131,p137）、その他テレビ西日本**

# 暴力団捜査 極秘ファイル

## 初めて明かされる工藤會捜査の内幕


2023年7月20日　第一刷

著　者　　藪正孝

発行人　　山田有司

発行所　　株式会社　彩図社
東京都豊島区南大塚3-24-4
MTビル　〒170-0005
TEL：03-5985-8213　FAX：03-5985-8224

印刷所　　シナノ印刷株式会社

URL：https://www.saiz.co.jp
https://twitter.com/saiz_sha



© 2023. Masataka Yabu Printed in Japan.


ISBN978-4-8013-0667-7 C0095


落丁・乱丁本は小社宛にお送りください。送料小社負担にて、お取り替えいたします。
定価はカバーに表示してあります。
本書の無断複写は著作権上での例外を除き、禁じられています。